Ignaz Cornova

Briefe an einen kleinen Liebhaber der vaterländischen Geschichte

Erster Band

Ignaz Cornova

Briefe an einen kleinen Liebhaber der vaterländischen Geschichte
Erster Band

ISBN/EAN: 9783743623736

Hergestellt in Europa, USA, Kanada, Australien, Japan

Cover: Foto ©ninafisch / pixelio.de

Weitere Bücher finden Sie auf **www.hansebooks.com**

Briefe

an

einen kleinen Liebhaber

der

Vaterländischen Geschichte.

―――

Erstes Bändchen.

Geschichte ~~Böhmens~~

unter dem Przemi~~sliden~~.

Ignaz Corn~~ova~~

ordentl. Mitglied· der K. Böhmischen Gesellschaft der
Wissenschaften.

Der
Hochgebornen
Frau
Josephine
vermählten Reichsgräfinn
von
Pachta
Freyinn von Rayhofen
gebornen Reichsgräfinn
Malabaila von Canal
Sternkreuzordensdame.

Hochgeborne Reichsgräfinn

Gnädigste Frau!

Wenn die Freyheit, die ich mir nehme, Euer Gräflichen Gnaden ein Kinderbuch zuzueignen, die Nachsicht selbst der Kennerinn hoffen darf; so ist sie des Beyfalls der **Mutter** gewiß.

Aus allen Beweggründen, die eine Dame haben kann den Musen zu opfern, macht ihrem Herzen gewiß keiner so viel Ehre, als der Wunsch: den heiligen Mutterpflichten in ihrem ganzen Umfange zu entsprechen. Durch das Bewustseyn der edelsten Absicht wider das Hohnlächeln ihrer nur den

so=

sogenannten großen Ton vergötternden Mitschwestern gewaffnet, durchwandelt sie ruhig die Gefilde der mannichfachen Kenntnisse, und sammelt ungestört Früchte, die, von der liebevollen Mutterhand dargereicht, die gedeihlichste Nahrung einer jungen Seele werden müssen. Mit eben dem Rechte, mit dem einst Roms Kornelia, würde Sie schon den zarten Sohn ihren schönsten Schmuck nennen; wenn es ihre Bescheidenheit erlaubte, das Werk ihrer Hände zu loben. Aber mit ruhigheiterm Blicke sieht Sie der Zukunft entgegen, in welcher der Beyfall

fall der Rechtschaffenen mit jenem ihres eigenen Herzens sich vereinigen wird, die Mutter glücklich zu preisen, welche den Liebling ihrer Seele zum Muster jeder Tugend, die die Vernunft empfiehlt, und die Religion heiligt, und zum Wohlthäter der Mitbürger, und der Mitmenschen selbst gebildet hat.

Gewiß, Gnädigste Gräfinn! wird eine Dame, die so denkt, und handelt, ihr feiner Geschmack nicht hindern, jedes neue Hülfsmittel des jugendlichen Unterrichts einiger Aufmerksamkeit

keit zu würdigen. Und hat Sie erst an dessen Entstehung Antheil gehabt; dann darf der Verfasser sich mit Zuversicht schmeicheln, daß auch ihr Muttergefühl seine Rechnung dabey finden wird.

Ich bin mit wahrer Ehrfurcht

Euer Gräflichen Gnaden.

Gehorsamster

Ignaz Cornova.

Vorrede.

Man wird es verschiedenen Stellen dieser Briefe gleich ansehen, daß ich sie bloß zum Privatgebrauch eines meiner kleinen Freunde niedergeschrieben habe. Ich sage meiner kleinen Freunde; denn in der That bin ich immer so heißhungrig nach Freunden gewesen, daß ich mich auch selbst unter Kindern nach ihnen umgesehen habe; und bis itzt ist mir diese Freundejagd so wohl bekommen, daß alle jene noch als Männer meine Freunde geblieben, die es als Kinder geworden sind.

Ich übergebe sie indeß dem Drucke ganz so, wie ich sie, nicht zum Drucke, geschrieben habe. Wer weis, ob sie durch die Feile nicht verlören? Ob mir die Fort-

Vorrede.

setzung, denn auch zu dieser habe ich mich entschlossen, in eben dem Tone gelingen wird, da ich nun weis, daß ich fürs Publikum schreibe? darüber —— ja darüber hat der Leser abzusprechen, und nicht ich.

So wie ich in meinem Staat von Böhmen vorzüglich den Akademiker mit seinem Vaterlande bekannt zu machen bemüht bin; so sind diese Briefe in gleicher Absicht für das Knabenalter bestimmt. Theils meine Gesundheit, theils ein gewisser Zusammenfluß von nie vorgesehenen Umständen, erlauben mir es nicht, der Jugend als öffentlicher Lehrer länger nützlich zu seyn; um so williger werde ich ihr meine Feder widmen. Denn

> Leiten den Jüngling; war Wunsch mir, ist heilige Pflicht mir, und Wonne:
> Starrt einst dazu mir die Hand; Vater! dann rufe mich ab.

I.

Etwas von den Slawen überhaupt.

Ein Stamm von ihnen kömmt nach Böhmen.

Die letzte monatliche Geburtsfeyer, mein lieber Karl! hat sie auf einmal zum feurigsten Liebhaber der Böhmischen Geschichte gemacht. Das wirkte der Beyfall der Besten der Mütter. Aber so wie sie sich dieses schönen Beyfalls dadurch würdig zeigen, daß sie ihren Eifer solche zu lernen verdoppeln; so hat er auch mich gespornt, auf neue Hülfsmittel zu sinnen, die ihnen die Erlernung derselben erleichtern könnten. Und für ein Hülfsmittel dieser Art müssen sie auch die gegenwärtigen Briefe ansehen.

Wenn wir Böhmen gleich großen Theils Deutsch, und Viele unter uns nichts als Deutsch, sprechen; wenn gleich unser Vaterland

land zum Deutschen Reiche gerechnet wird; so sind wir doch kein Deutsches Volk. Wir gehören zu einem großen Volksstamm, der sich durch Böhmen, Mähren, Polen, und Rußland, durch Kroazien und andere an Hungarn gränzende Länder, und durch das nordöstliche Deutschland, das ist: durch Meissen, Lausitz, Brandenburg, Pommern, Meklenburg ausgebreitet hat. Diese große Nazion führte ursprünglich den Nahmen: Srben, oder Soraben. In unserer Muttersprache werden oft die Buchstaben: R, und L, verwechselt; und so ward in dem Munde des Volkes nach und nach aus, Sorab, Solab, und abgekürzt: Slab, oder Slaw; daher hiessen unsere Stammväter in der Folge, Slawen. Die Deutschen gaben hernach denjenigen aus ihnen, die, wie ich schon gesagt habe, die nordöstlichen Länder des Deutschen Reichs bewohnten, den Nahmen: Wenden.

Es war einmal eine Zeit, da die Völker wanderten. Das thaten nun auch unsere Slawen. Doch ich muß ihnen erst sagen, bester Karl! was das heiße Wandern? Völker, die ihrer alten Wohnungen, wegen der rauhen Witterung, und des unfruchtbaren Bodens satt waren; oder die in denselben von benachbarten Feinden beunruhigt wurden, verließen sie, und suchten fruchtbarere, und sicherere Gegenden anderstwo auf. Die Deutschen brauchten bey dieser Gelegenheit meistens Gewalt, um die Inwohner der Länder, in welche sie einwanderten, entweder aus denselben zu vertreiben, oder sie unter ihre Oberherrschaft zu bringen. Die Slawen zogen dagegen fast nur in Länder, welche die Deutschen eher verlassen hatten, und bauten sie an; denn sie liebten den Ackerbau, und andere friedliche Beschäftigungen: und dieses zwar so sehr, daß sie meistens, wenn sie von ihren Nachbarn mit Krieg angegriffen wurden, demselben durch Nachgiebigkeit ein Ende machten. Das ist: sie trieben zwar die ersten Anfälle tapfer ab; wenn aber diese öfters wiederholt wurden, so bothen sie sich auch zu einer Steuer an, um nur Ruhe zu haben, und ihre Felder ungestört bearbeiten, ihre Heerden in Sicherheit pflegen zu können. Man sagte dann von ihnen: sie wären einem andern Volke oder Fürsten, steuerpflichtig.

So viel, guter Karl, von den Wanderungen der Völker, und der Slawen überhaupt zu wissen, ist indessen genug für sie. Itzt komme ich auf die Wanderung unserer eigentlichen Stammväter nach dem Lande, das wir itzt bewohnen. Einige Abtheilungen der Slawen verliessen in der Mitte des fünften Jahrhunderts die bisher von ihnen bewohnten Gegenden an der Donau, da wo sie sich schon dem schwarzen Meere nähert; weil sie von den Bulgaren beunruhigt wurden. Eine derselben zog nach unserm Böhmen; daher sie auch zum Unterschiede von andern von den ältesten Geschichtschreibern den Nahmen: Böhmische Slawen, bekam. Nichts ist hier natürlicher, als daß sie fragen werden: aber woher hatte denn das Land den Nahmen: Böhmen? Von seinen ältesten Bewohnern, mein Lieber! Diese waren die Bojer ein Gallisches Volk. Die umliegenden Deutschen sagten also: dieses Land ist die Heimath der Bojer. Daraus ward erst: Bojerheim, dann kürzer, Böheim, und Böhmen. Die Bojer wurden dann von einem Deutschen Volke den Markmännern mit Gewalt verdrungen. Geschwächt durch viele Kriege, theils mit andern Deutschen, theils mit den Römern, hatten die Markmänner das eingenommene Land wieder verlassen, als jene Slawen in dasselbe eingerückt sind, welche die Geschichtschreiber, wie ich schon gesagt habe, die Böhmischen Slawen nann-

nannten. Bey den umliegenden Deutschen behielt nicht nur das Land seinen alten Nahmen: Böhmen, oder Böheim; sondern auch die neuen Slawischen Inwohner hießen bey denselben: die Böhmen. Diese Nahmen des Landes und der Nazion sind in der Deutschen Sprache noch itzt üblich; und die Lateiner haben: Bohemia und Bohemus darnach gebildet. Aber in der Slawischen Muttersprache hießen unsere Vorfahren, und heißen wir itzt noch: Czechen. Sonst glaubte man durchgängig, daß dieser Nahme von dem ersten Beherrscher Czech herrühre. Seit einer Zeit hat man gezweifelt, ob so ein Mann jemals gelebt habe? Nun, es ist nichts daran gelegen, woher man den Nahmen habe; aber daran ist viel gelegen, ob man rechtschaffen, und edel sey. Sie werden in der Folge die Frage selbst zu beantworten im Stande seyn: ob es unsere Nazion immer war?

Leben sie wohl bis aufs Wiedersprechen, mein Bester!

II.

Přjemisl erster Herzog. Libussa.

Lieber Karl!

Alle Slawen überhaupt hatten in den ältesten Zeiten keine Alleinherrscher; sondern das ganze Volk übte auf Versammlungen die höchste Gewalt aus. Das nennt man mit einem griechischen Worte: Demokratie, deutsch: Volksherrschaft. Aber zur Zeit des Krieges wählten sie ein höchstes Oberhaupt, das sie in ihrer Sprache Wogewoda nannten. Es ist wahrscheinlich, daß sie dieses auch thaten; wenn sie einen Krieg nur besorgten. Da also die Czechen insbesondere den Zug nach Böhmen unternommen haben; werden sie wohl so einen Anführer gewählt haben, dessen Weisheit und Tapferkeit ihnen bey einem, während eines so weiten Zuges, möglichen Angriffe, Schutz gewähren könnte. Aber wer kann wissen, wie derselbe geheissen hat? Auch hörte, nach ihrer Sitte, seine Gewalt wieder auf, nachdem sie in Böhmen sich fest-

festgesetzt hatten. Man findet dann in der
glaubwürdigen Geschichte nichts von einem
Beherrscher der Böhmen bis auf Przemisl.
Dieser Mann ist der Stammvater eines Hau=
ses, das hernach lang über Böhmen geherr=
schet hat. Und wir wollen sein Andenken in
Ehren halten; weil wirklich viel gute Fürsten
von ihm abstammen. Auf den Thron erhob
ihn wohl die Wahl des Volkes; vielleicht
war er erst nur sein Anführer wider die be=
nachbarten Deutschen: und weil er sich sowohl
gegen die Feinde tapfer gehalten, als bey den
Seinigen beliebt gemacht hatte; so ließ man
auch in Friedenszeiten die höchste Gewalt in
seinen Händen. Und das wäre also der Ur=
sprung der Monarchie, der Herrschaft Eines,
in unserm Böhmen. Daß er eher ein Bauer
im Dorfe Stadicz gewesen; ist so zu verste=
hen: daß er das Feld selbst gebauet hat,
was bey den Römern, da sie noch nicht aus=
geartet waren, die größten Männer gethan
haben. Da die Slawen den Ackerbau im=
mer eben so liebten, wie die Römer; so kön=
nen wohl auch ihre Edlen den Acker selbst be=
stellt haben. Przemisls Gemahlinn Libussa
darf nicht mit Stillschweigen übergangen
werden; nicht weil sie eine vom Teufel be=
gei=

geisterte Wahrsagerinn — dergleichen Albernheiten zu glauben, ist der Sohn Josephinens viel zu vernünftig — sondern weil sie eine kluge Frau war. Und kluge Leute haben die Gabe aus dem, was geschieht, das Zukünftige vorherzusehen; werden darum von eingeschränktern Menschen für Propheten gehalten. Ihrer Klugheit hatte es Libussa wohl auch zu danken, daß sie Przemisl zur Gattinn wählte, und folglich zur Herzoginn von Böhmen machte. Denn mir ist es wenigstens nicht wahrscheinlich: daß Libussa den Böhmischen Thron, als Herzog Kroks Tochter eher besessen, und ihn dann mit ihrem Gemahl Przemisl getheilt habe; und dieses weil man kein älteres Zeugniß anführen kann: daß ein Krok gelebet, Herzog von Böhmen, und Libussens Vater gewesen sey. Ich muß ihnen hier überhaupt sagen, mein Bester! daß man unsere älteste Geschichte mit allerley Erdichtungen gar sehr verunstaltet hat. So erzählt man von einem Kriege, den die Weiber unter der Anführung einer sichern Wlasta wider die Männer mit so vieler Wuth geführt haben sollen, daß es Przemisln viele Mühe gekostet hat, sie zu besiegen. Aber dieser Weiberkrieg sieht einer Fabel so ähnlich, wie

ein

ein Tropfen Wasser dem andern. Gewisser ist es, daß Przemisl und Libussa Prag erbaut haben, das ist: den Theil davon, den wir die Kleinseite nennen; und daß Przemisl der erste seinen Böhmen einige Gesetze gegeben hat, die sich hernach von einem Munde zu dem andern fortgepflanzt haben. Sie könnten fragen, lieber Karl! warum man sie nicht aufgeschrieben hat? weil man damals noch keine Schrift in unserm Vaterlande kannte. Erst mit dem Christenthume ward sie unsern Vorältern bekannt; daher ist auch die Geschichte unserer Herzoge, so lang sie Heyden waren, so ungewiß, da man die Begebenheiten nicht aufzeichnen konnte. Indeß wollen wir die Nahmen der auf Przemisln folgenden Herzoge merken; sie heißen: Nezamisl, Mnata, Wogen, Wnyslaw, Krzezomisl, Neklan, Hostiwit, und Borziwog, der endlich ein Christ geworden ist. Nebst diesen obersten Herzogen des Landes, die man auch von ihrer Residenz die Wissehrader Herzoge nannte, gab es noch andere Fürsten hin und wieder im Lande, die vermuthlich abgefundene Prinzen von Przemisls Blut waren. Das ist: man wies ihnen irgend eine Stadt mit einem Bezirke als ihr Erbtheil an. Das
wich-

wichtigste was sich unter den genannten Herzogen zugetragen hat, bestehet in verschiedenen Kriegen mit den benachbarten Deutschen. Die Nachrichten von denselben müssen wir bey den ältesten Deutschen Geschichtschreibern zusammenlesen. Erwarten sie so viel davon, als ich selbst weis, in meinem nächsten Briefe; den ich mit um so mehr Vergnügen schreiben werde, weil ihnen mein erster gefallen hat.

III.

Aelteste Kriege der Böhmen mit den Deutschen.

Die Deutschen, mein guter Karl, wurden eher Christen als unsere Böhmen; hatten also an ihren Religionslehrern auch eher Schriftsteller. Denn sie müssen wissen, daß damal die Geistlichen die einzigen Gelehrten waren, das ist: sie konnten allein lesen, und schreiben. Diese Geistlichen zeichneten nun in ihren Klöstern, das, was sich zu ihrer Zeit zutrug, von Jahr zu Jahr auf; daraus entstunden jene alten Schriften, die man Chroniken,

ken, Zeitgeschichten, und Annalen, Jahrbücher, nennt: die Verfasser bekamen auch den Nahmen, Chronisten, Annalisten. Kriege waren der Hauptstoff ihrer Erzählungen; und weil die Deutschen Regenten auch mit uns Böhmen Kriege führten, so konnten die Deutschen Annalisten die Thaten ihrer Landsleute nicht beschreiben, ohne zugleich die der Böhmen zu berühren. Daher kömmt es: daß man manche Begebenheit, die sich bey uns zutrug, bey ihnen aufgezeichnet findet.

Kaiser Karl der Große hatte sein Reich bis an Böhmens Gränze ausgebreitet, als er unsere Böhmen auch bekriegte. Das geschah im Jahre 805. Wer damal bey uns geherrschet habe, ist schwer zu bestimmen. Die Deutschen Geschichtschreiber nennen die Fürsten ihrer Feinde nicht immer. Die Veranlassung des Krieges war folgende. Ein Fürst der Hunnen, nach seiner Taufe Theodor genannt, hatte sich nordwärts der Donau im heutigen Oesterreich niedergelassen: die Böhmen jagten ihn über diesen Flus; vermuthlich weil ihnen, bey ihrer Liebe zum Ackerbau, die Nachbarschaft räuberischer Barbaren — das waren die Hunnen — nicht lieb war.

war. Da sich aber ihr Fürst hatte taufen lassen; so nahm sich Karl wider die Böhmen, die noch Heyden waren, um Ihn an. Denn einem Karl muste die Religion oft zum Vorwand dienen; wenn er sein Reich durch Kriege vergrössern wollte. Die Böhmen wehrten sich tapfer: aber im Jahre 806 machten sie Frieden, und bothen eine jährliche Steuer von 500 Mark Silber, und 120 Ochsen an. Ganz überwunden hat sie Karl nicht; denn er würde sie sonst, wie er es mit andern Völkern that, gezwungen haben, Christen zu werden.

Auch Karls des Großen Enkel, Ludwig König von Deutschland hatte viel mit unsern Böhmen zu thun. Vierzehn Böhmische Fürsten — daß ihrer nebst den obersten Herzogen mehrere im Lande waren, habe ich ihnen im vorigen Briefe gesagt — hatten ihn zu Regensburg, wo er Hof hielt, besucht; und ließen sich ihm zu Gefallen taufen. Aber in Böhmen war man so wenig damit zufrieden; daß man sie bey ihrer Rückkehr verjagte. Ludwig nahm sich ihrer an. Er griff Böhmen im Jahre 846 an. Das Kriegsglück wechselte; aber im Jahre 849 ward er so empfindlich geschlagen, daß ihm

auf

auf ganze ſieben Jahre die Luſt vergieng, es mit den Böhmen aufzunehmen. Im Jahre 856 ging der Krieg wieder an; ward aber von Zeit zu Zeit durch einen Waffenſtillſtand unterbrochen, bis die Böhmen im Jahre 872 eine große Niederlage erlitten haben: da ſie aber gleich das Jahr darauf wieder ſiegreich waren, ſo kam es bald zum Frieden, und zum Bunde mit König Ludwig. Wahrſcheinlich ſchloß denſelben Herzog Hoſtiwit. Unter welchen Herzogen dieſe oder jene Schlacht vorgefallen, kann man nicht wiſſen; weil die Deutſchen Geſchichtſchreiber unſere Herzoge nicht nennen, ſondern bloß vom Kriege mit den Böhmen reden.

Unſere inländiſchen ſpätern Geſchicht=ſchreiber, ſprechen dagegen von einheimiſchen Kriegen, welche die Wiſſchrader oberſten Herzoge mit andern kleinern Fürſten, als mit denen zu Kaurzim, oder zu Saatz geführt haben ſollen. Sie können dafür keine Zeug=niſſe anführen, da man vor dem Chriſtenthum, wie ich ſchon geſagt habe, keine Schrift bey uns gekannt, alſo das, was ſich ereignete, nicht aufzeichnen konnte, wie es in Deutſch=land geſchehen. Daher beruft unſer älteſter Geſchichtſchreiber, Kosmas Domdechant zu

Prag,

Prag, sich bloß auf Sagen alter Leute, die er selbst nicht für zuverläßig ausgiebt. Um nichts gewisser sind die Erzählungen von der Erbauung verschiedener Städte in jenen Zeiten; wie man unter andern behauptet: daß Herzog Mnata den Bau der Altstadt angefangen, und Herzog Wogen ihn vollendet habe. Daß Böhmen schon unter den heydnischen Herzogen mit edlen Metallen — so nennt man Gold und Silber — gesegnet war, ist nicht unglaublich. Sie versprachen ja 500 Mark Silber Karln dem Großen zum Tribut. Und vielleicht war es gerade dieser Segen, der die benachbarten Deutschen gereizet hat, unsere Vorältern zu bekriegen. Denn je reicher ein Volk ist, um so mehr Beute verspricht sich der Sieger von demselben.

Freyen sie sich mit mir, mein lieber kleiner Freund, daß wir die Zeit überstanden haben, wo unsere vaterländische Geschichte verwirrt und dunkel ist. Mit dem Christenthum wird es heller. Warum? Ich will ihnen Zeit lassen, diese Frage selbst zu beantworten. Sie können es. Es wäre beleidigendes Mißtrauen; wenn ich hier mehr sagte.

IV.

IV.

Etwas über die Religion der alten Slawen.

Mit dem Christenthume wird es in unserer Geschichte helle, schrieb ich ihnen jüngst, bester Karl! und nun erwarten sie gewiß eine befriedigende Antwort der Frage von mir: wenn und wie unsere Vorfahren Christen geworden sind? Aber sollte auch darüber ihre kleine Ungeduld — denn unter uns gesagt, etwas mit Gelassenheit erwarten, ist sonst ihre Sache eben nicht, mein liebes Brüderchen! — mir den Krieg ankündigen; so wird aus der Beantwortung dieser Frage, heute doch noch nichts. Festina lente: die Uebersetzung von diesem Lateinischen Sprüchelchen haben sie doch nicht etwa schon vergessen?

Ehe ich von der Einführung des Christenthums in unserm Vaterlande rede; muß ich doch etwas von der Religion sagen, der unsere Vorältern eher zugethan waren. Aber das weis ich ja schon, wird mein Karl ausrufen, daß sie Heyden waren. Ganz gut! aber

aber was ist denn ein Heyde? wenn ich fragen darf. Nun! der falsche Götter anbethet. So? unsere heydnischen Voraltern betheten also einen Jupiter, eine Juno, einen Apoll, eine Venus an? Weit vom Ziele geschossen, mein Engel! Fast ein jedes heydnische Volk stellte andere Popanze auf die Altäre.

Der oberste Gott aller Slawen hieß Peron; oder nach der slawischen Aussprache, Peruñ. Einige verstehen die Sonne darunter, andere den Donnergott. Sie wissen, lieber Karl, daß die Menschen, je weniger sie unterrichtet sind, je mehr die Wirkungen des Donners fürchten. Was war also natürlicher, als daß die rohen Slawen, sich einen göttlichen Urheber des Donners dachten, und sich bestrebten, ihn durch Opfer zu gewinnen, daß er ihnen nicht schade? und das streitet für die zweyte Meinung, die den Peruñ zum Donnergott macht. Und für die erste könnte man anführen: daß die Sonne auf die Menschen so wohlthätig wirket, daß sie, wenn sie noch nicht aufgeklärt sind, leicht dadurch verleitet werden können, in ihr etwas Göttliches zu finden. Doch wie wäre es, wenn wir beyde Meinungen vereinigten? Die Slawen waren ein ackerbautreibendes Volk. Von welch

ei-

einem Einfluße auf den Ackerbau ist die Witterung nicht? Wie wenn sie also einen Perun bloß als den Gott der Witterung verehret haben?

Die Nahmen der übrigen Gottheiten sind zu zahlreich, als daß ich ihr Gedächtniß mit ihnen beladen sollte. Ich gedenke also nur der Vornehmsten. Allgemein verehrten sie zwey Götter, von welchen sie den einen Bielbog, weißer Gott, oder Jutrebog, Gott der Morgenröthe; den zweyten Czernobog, schwarzer Gott, nannten. Aber sie verehrten sie aus ganz entgegengesetzten Ursachen: den Bielbog, daß er ihnen alles Gute; den Czernobog, daß er ihnen nichts Böses thue. Denn dieser war nach ihrem Begriffe der Urheber aller Uebel, so wie jener des Guten in der Welt.

Ich muß noch eines Götzen gedenken, den viel Slawische Stämme verehrten, und der aus einem christlichen Heiligen entstanden ist. Mönche von Corvey in Westphalen, wo dieses Land liege, brauche ich meinem Karl wohl nicht erst zu sagen, predigten den Slawen auf der Insel Rügen das Christenthum. Ihre Klosterkirche war dem Heiligen Veit gewidmet; die Mönche machten also die

Neubekehrten mit seiner Abbildung bekannt, und empfahlen ihnen dessen Verehrung. Nach der Hand, da man ihnen einen harten Tribut auflegte, verjagten die Rugier die Mönche, fielen vom Christenthum wieder ab; aber aus dem Christlichen Heiligen, dessen Abbildung in Jünglingsgestalt ihnen gefallen haben mag, machten sie nun einen Abgott unter dem Nahmen: Swantowit. Sein Dienst scheint sich auch nach unserm Böhmen verbreitet zu haben. Ob man nicht geglaubt haben mag, unsere Voráltern von dem Dienste des Götzen Swantowit leichter abzuziehen, wenn man dem Heiligen Veit eine Kirche erbaute?

Nebst diesen Göttern der Völker hatte jede Familie ihre Hausgötter. Aber von allen Untergottheiten sagten sie: daß sie aus dem Blute des obersten Gottes entsprossen wären.

Die Tempel, die die Slawen, und also auch unsere Böhmen, ihren Göttern erbauten, waren unansehnlich, klein, und von Holz. Das verdient Bemerkung, lieber Karl! Der Grieche, Freund und Kenner der schönen Künste, baute seinen Göttern Tempel, die Meisterstücke der Baukunst waren. Der Deutsche, Enthusiast für die Freyheit, wollte seine Götter

ter auch nicht in Mauern einschließen, die er selbst haßte; sondern er weihete ihnen Wälder. Und der Slawe, der bey seinem Hang zum Feldbau niedrige Hütten bewohnte, baute auch seinen Göttern Tempel, die Hütten glichen. So schieben die Menschen ihre Neigungen gern der Gottheit unter.

V.
Pflanzung des Christenthums in Böhmen. Borziwogs Bekehrung.

Heute, lieber Karl! will ich ihre auf die Probe gestellte Neugier befriedigen. Oder hätte ich sie vielleicht zum Theil schon befriedigt? Schlagen sie doch; meinen dritten Brief nach! Sie werden dort finden, daß vierzehn Böhmische Fürsten, sich am Hofe des Deutschen Königs Ludwig haben taufen lassen. Und das sind die Erstlinge des Christenthums in unserm Vaterlande. Was Fürsten thun, wird immer nachgeahmt; es ist also zu vermuthen, daß um die Zeit auch mehrere aus dem Volke Christen geworden sind. Freylich wurden diese Fürsten von dem größern

Theile des Volkes, der abgöttisch blieb, aus dem Lande vertrieben. Aber die Geistlichen aus dem benachbarten Regensburger Bisthum hatten nach dem Zeugnisse alter Geschichtschreiber ausdrücklichen Befehl, an der Bekehrung der Böhmen zu arbeiten. Und dazu hatten sie gewiß Gelegenheit; weil ihr König Ludwig bald mit seinen Heeren in Böhmen einbrach, bald mit dieser Nazion wieder Frieden schloß, und in gutem Vernehmen stund. Indeß läßt es sich leicht begreifen, daß das Christenthum im Lande so lang nicht herrschend werden konnte; als die obersten Herzoge desselben ihren Göttern getreu blieben.

Von diesen nahm der erste Herzog Borziwog im Jahre 890 das Christenthum an. Die Veranlassung dazu war ein Besuch bey dem Mährischen König Swatopluk. Doch ehe ich weiter gehe, muß ich ihnen ein Paar Worte von Mähren sagen. Auch in diesem Lande hatten sich Slawen niedergelassen, und von dem Fluße Morawa, March, den unterscheidenden Nahmen: Morawanji angenommen, aus welchem der Deutsche, Mährer, entstund. Ihr merkwürdigster Herrscher ist Swatopluk; und weil sich sein Reich nebst dem heutigen Mähren und Niederösterreich tief in Hungarn

hin-

hinein erstreckte, so nannte man es, das Königreich Großmähren. Dieses Großmähren war aus allen Slawischen Staaten der mächtigste, und darum hielten sich die Slawen in Böhmen, und andern, itzt Deutschen, Ländern an ihn, um wider die Eroberungssucht der Deutschen Kaiser sicherer zu seyn. Mit diesen stunden die Beherrscher Mährens in einem so wenig freundschaftlichen Verhältnisse, daß sie so gar die Deutschen Priester, die sie zu Christen gemacht hatten, wieder zurückschickten; und weil sie doch Christen bleiben wollten, sich andere Religionslehrer von Konstantinopel kommen ließen. Swatopluk scheint insbesondere an einem allgemeinen Bunde aller Slawen wider den Deutschen Kaiser Arnulf gearbeitet zu haben. Niemand konnte williger dazu seyn, als der Böhmische Herzog, der den Anfällen der Deutschen vorzüglich ausgesetzt war. Borziwog eilte also nach Mähren; lernte am Hoflager Swatopluks den frommen Bischof Methudius kennen, und ließ sich von ihm überreden ein Christ zu werden.

Ich will ihnen hier doch eine Posse erzählen; denn mit unter kann man ja auch ein wenig kindisch seyn. Swatopluk soll ein

prächtiges Gastmahl veranstaltet haben; da
sich nun Alles an die Tafel setzte, hätte er
zu Borziwogen gesagt: wir übrigen haben
heute an dem Tische des Herrn gespeißt —
das ist: sie waren, wie man sonst sagt, bey
der Kommunion gewesen, weil es gerade ein
Festtag war — du bist also nicht würdig mit
uns an der Tafel zu sitzen, sondern du wirst
auf der Erde mit den Hunden essen. Grob
genug wäre das auf alle Fälle gewesen. Aber,
wer kann glauben, daß man einen Fürsten, indem
man Bund und Freundschaft mit ihm schließt,
so empfindlich beleidigen werde? Und nicht
nur ihn, sondern auch alle übrige Slawische
Fürsten, die noch Heyden waren, wie die in
den nordöstlichen Deutschen Ländern, die man
doch gewiß auch in den Bund ziehen wollte,
um dem gemeinschaftlichen Feind der Slawi=
schen Nazion dem Deutschen Kaiser um so
mehr gewachsen zu seyn? Und doch kann es
seyn, daß Borziwog während des Gastmahls
auf dem Fußboden gesessen. Nicht weil man
es ihm, um ihn als einen Heyden zu den
Hunden herabzuwürdigen, geheißen hat; son=
dern weil es bey den Slawen vor der An=
nahme des Christenthums durchaus Sitte
war. Und so, wie man seine eigene Sitte

nicht

nicht gern fahren läßt; so wollte vielleicht auch Borziwog von ihr nicht abweichen, ungeachtet er Swatopluken, und die Seinigen sich der Stüle bedienen sah. Wer weis, ob er nicht selbst dem Bodensitzen das Wort redete? Was freylich dem Bischof Methud, der mit andern Christlichen Religionslehrern, die entgegengesetzte Sitte aus dem verfeinerten Konstantinopel an Swatopluks Hof mitgebracht haben mag, aufgefodert haben wird, ihn eines bessern zu belehren; und ihm dann das Christenthum auch aus dem Grunde, weil es die Sitten verfeinert, zu empfehlen. Denn daß das letzte durch das Christenthum in vielen sonst rohen und barbarischen Ländern geschehen sey, dafür enthält die Geschichte sehr viele Beweise.

VI.
Borziwogs, und Zpitihnews Regierung.

Es ist sehr wahrscheinlich, daß der neue Christ Borziwog ernstlich gewünscht habe, daß auch alle seine Unterthanen Christen wären.

Und auf seinen Schutz hoffend vermehrte sich auch bald die Anzahl der christlichen Lehrer im Lande. Einige brachte Borziwog aus Mähren mit, unter welchen ein gewisser Paul Kaich war, der Borziwogs Gemahlinn Ludmilla taufte; andere wurden von dem benachbarten Regensburger Bischof dahin geschickt, der seit der Taufe jener vierzehn Fürsten sich als den geistlichen Oberhirten der Böhmen betrachtete. Es kann seyn, daß diese Prediger des Christenthums von ihrem Eifer hingerissen, den Götzendienst und die Götzen heftig schmähten, und dadurch den großen Haufen in Harnisch jagten, — vielleicht machte auch Borziwog einige Versuche, die heydnischen Böhmen mit Gewalt zu Christen zu machen. Darüber entstund ein Aufruhr; und Borziwog, der sich nicht mehr sicher glaubte, floh zu König Swatoplucken. Die Böhmen sollen anstatt seiner einem andern Prinzen des Przemislischen Blutes die Regierung aufgetragen haben. Er hieß Stoymir; aber man war gar nicht lang zufrieden mit ihm, weil er während seines langen Aufenthalts in Bayern die Böhmische Sprache ganz verlernt hatte, und also mit seinen Unterthanen nicht einmal sprechen konnte.

Swa=

Swatopluk, und der Deutsche Kaiser Arnulf nahmen sich um Borziwog an. Der letztere brach im Jahre 891 in Böhmen ein; und weil man den bey dieser Gelegenheit von den Böhmen erschlagenen Bischof von Würzburg Arno als einen Märtyrer verehrte; so war dieser Krieg in den Augen der Deutschen ein Religionskrieg. Das ist: man hatte ihn unternommen, um den vertriebenen christlichen Herzog Borziwog wieder einzusetzen. Es kann freylich seyn: daß Arnulf hinter diesen Vorwand die Absicht, Böhmen zu unterjochen, versteckt habe. Und vielleicht merkte sie König Swatopluk, dem an der Erhaltung eines Slawischen Staats gelegen war; und kam der verborgenen Absicht des Kaisers dadurch zuvor, daß er die Böhmen durch seine Kriegsrüstungen bewog, ihren vertriebenen Herzog wieder ins Land zu berufen. Was um so leichter zu Stande kam, weil eine starke Parthey, an deren Spitze Slawibor Besitzer von Melnik stund, es mit Borziwogen hielt.

Borziwog regierte seit der Zeit seyn Böhmen ruhig; besonders, da er auch mit Kaiser Arnulfen in gutem Vernehmen stund. Was um so nöthiger war, weil nach Swatopluks Tod, wenig Hülfe aus Mähren zu hoffen

fen war, indem die Söhne dieses großen Königs sich unter einander selbst bekriegten. Es scheint, daß eine Erneuerung des von seinem Vater Hostiwit mit den Deutschen Herrschern geschlossenen Bundes vor sich gegangen; denn Borzlwog schickte seine beyden Söhne: Zpitihnew und Wratislaw nach Regensburg, wo Arnulf einen Reichstag hielt.

Zpitihnew folgte seinem Vater auf dem Herzoglichen Thron. Für die edle Denkungsart dieses Fürsten spricht schon seine Schonung der noch zahlreichen Heyden in Böhmen. Ich muß, pflegte er zu sagen, für meine heydnischen Unterthanen eben so Sorge tragen, wie für die christlichen. Möchten sie glauben, lieber Karl, daß es Geschichtschreiber gibt, die daraus beweisen wollen, daß Zpitihnew kein guter Christ war. Also man wäre kein guter Christ, wenn man alle Menschen als Brüder liebt; da doch das Christenthum uns diese allgemeine Liebe aller Menschen, und, wie es in unsern Lehrbüchern ausdrücklich heißt, auch der Juden und Heyden, unter den ersten Grundsätzen einschärfet?

Als Zpitihnew in Böhmen regierte, ging das großmährische Königreich zu Grund. Die Mährer hatten dem Sohne Kaiser Arnulfs

nulfs Ludwigen dem Kinde wider die Hungarn Hülfsvölker geschickt. Diese erlitten zugleich mit den Deutschen im J. 907 eine schreckliche Niederlage. Worauf Deutschland an die Sieger Tribut zahlen muſte; das Königreich Großmähren aber in die Hände der Hungarn fiel. Sie behielten den größten Theil für sich; das Stück davon aber, was izt noch Mähren heißt, überließen sie gegen eine jährliche Abgabe unserm Zpitihnew. Man weis nicht, wie dieser Fürst die Freundschaft dieser grausamen Sieger zu gewinnen gewußt. Einige glauben, da er ohnehin nicht mächtig genug war, es zu hindern; so hätte er ihnen den freyen Durchzug nach Sachsen durch sein Land gutwillig zugestanden. Man kann sein Sterbejahr eben so wenig mit Gewißheit angeben, als das seines Vaters Borziwog.

VII.
Die Regierungen Wratislaws, und Wenzels.

Da Zpitihnew kinderlos starb, so folgte ihm sein jüngerer Bruder Wratislaw. Er wollte
viel-

VII. Brief.

vielleicht die Liebe der noch immer sehr zahlreichen Heyden dadurch gewinnen, daß er eine Heydinn zur Gattinn gewählet hat. Sie hieß Drahomira, und war aus einem die heutige Mark Brandenburg bewohnenden Slawischen Volke, das man die Stodoraner nannte. Wir werden bald mehr von dieser Frau reden. Wratislaw scheint nicht lang regiert zu haben, da sein ältester Sohn und Thronerbe Wenzel, bey seinem Absterben noch nicht ganz erzogen war. Die Sorge ihn vollends zu erziehen hatte man Bedenken, seiner Mutter Drahomira zu überlassen, weil sie eine Heydinn war. Man trug sie also seiner frommen Großmutter Ludmilla auf. Aber eben das verdroß Drahomiren so sehr; daß sie Ludmillen selbst durch einen Mord aus dem Wege zu räumen beschloß. Zwey Bösewichter: Tuma, und Gommo, liessen sich zur Vollziehung des abscheulichen Lasters gebrauchen, und aus der Art, wie sie es vollzogen haben, schliessen sie auf die Barbarey jener Zeiten; denn wenn man gegen die Großmutter und Erzieherinn des Landesfürsten so etwas wagt, welche Sicherheit können sich andere Leute versprechen? Tuma und Gommo gingen mit einer zahlreichen bewafneten Mannschaft

schaft nach Tetin, wo Ludmilla wohnte, umrangen das Schloß, sprengten das Thor, drangen in der frommen Fürstinn Schlafkammer, und ermordeten sie dort. Itzt rieß Drahomira die Regentschaft an sich, und führte sie so, daß die Christen vorzüglich über sie klagten. Auch in einen Krieg mit dem Deutschen Kaiser Heinrich dem Vogler hätte sie die Böhmen bald verwickelt; weil sie ihren Landsleuten in der Mark Brandenburg den Stodoranern wider ihn Hülfsvölker zugeschickt hat.

Indeß ward der junge Wenzel volljährig, und trat die Regierung selbst an. Er besänftigte vor allem den mächtigen Kaiser durch Nachgiebigkeit, und erhielt auf diese Art Frieden von aussen. Aber seine Mutter fuhr fort, durch ihren starken Anhang die innere Ruhe zu stören. Wenzel war daher gezwungen sie aus dem Lande zu schaffen; doch so bald er ihre Anhänger zu Paaren getrieben hatte, berief er sie wieder zurück. Dafür soll sie, entweder um sich für die ehemalige Verweisung zu rächen, oder aus Eifer für den Götzendienst, der unter dem frommen Wenzel immer mehr abnahm, zu dessen Ermordung ihren jüngern Sohn Boleslaw auf-
ge-

gehetzt haben. Obschon andere Geschichtschreiber der Meinung sind: Boleslaw sey von seiner eigenen Herrschsucht zum Brudermord verleitet worden. So abscheulich die That war, so wurde sie dadurch noch abscheulicher, daß sie unter dem Deckmantel der Gastfreundschaft ausgeübt worden ist. Boleslaw lud nähmlich zu einem Gastmahle, durch das er die Geburt seines Sohnes zu feyern vorgab, Wenzeln nach der Stadt Boleslawa (dem heutigen Flecken Altbunzlau) ein. Wenzel erschien ohne alles Mißtrauen, und ward ermordet. Das Volk gab darum dem kleinen Sohne Boleslaws den Nahmen, S t r a c h q v a s, das heißt: schreckliches Gastmahl.

Wenzel und seine Großmutter Ludmilla wurden in der Folge nicht nur von den Katholiken, sondern auch von den Hussiten — was das für Leute sind? wird mein Karl später erfahren — als heilige Märtyrer betrachtet; weil man glaubte, sie hätten sich den Tod durch ihren Eifer für das Christenthum zugezogen. Wenzel äußerte seinen Eifer unter andern dadurch: daß er heydnische Kinder kaufte, und sie als Christen erziehen ließ. Da die Aeltern, nach der barbarischen Sitte jener Zeiten, die armen Kinder aus-
setzten,

setzten, und zu Grunde gehn liessen; so war dieser Eifer Wenzels, durch den so viele unglücklichen Geschöpfe beym Leben erhalten, und versorgt wurden, auch nach blossen Gründen der Menschlichkeit betrachtet, wohlthätig. Der Schutz, den Wenzel den christlichen Pristern schenkte, zog eine gute Folge von anderer Art nach sich. Sie kamen häufig aus Bayern und andern Deutschen Ländern nach Böhmen, und brachten Bücher mit; da man zuvor in unserm Vaterlande fast gar keine hatte. Sonst ward Herzog Wenzel wegen seiner Tugenden allgemein geschätzt; und war von einem so sanften Karakter, daß er sich nie entschliessen konnte, ein Todesurtheil vollziehen zu lassen. Er ließ so gar alle Galgen niederreissen.

Noch ein Paar Worte von seiner Mutter Drahomira. Daß etwas Schreckliches mit ihr geschehen, sagt ein alter Geschichtschreiber. Sie kann vielleicht den Hals gebrochen haben, oder unter nagenden Vorwürfen über die begangenen Mordthaten an Sohn und Schwiegermutter, gestorben seyn. Da sie besonders die Christen, wegen des Drucks während ihrer Regentschaft, nicht liebten; und da sie, wenn auch andere Grausamkeiten ihr

von

von spätern Schriftstellern bloß angedichtet worden wären, schon wegen des doppelten Mords fast durchgängig verabscheuet ward; so wird man gesagt haben: der Teufel hat Drahomiren geholt! Daraus kann nun leicht die Sage entstanden seyn: daß sie mit Wagen und Pferden — die armen Pferde kamen doch gewiß unschuldig dazu! — von der Erde verschlungen worden; und also im vollen fürstlichen Staate zur Hölle hinabgefahren sey.

VIII.

Boleslaw der Grausame.

Boleslaw war doch ein abscheulicher Bösewicht! wird mein Karl bey Durchlesung des letzten Briefs gedacht, und vielleicht auch gesagt haben. Freylich ist das jeder Mörder, um so mehr jeder Brudermörder, mein Lieber! Indeß gibt uns selbst das größte Verbrechen eines Menschen kein Recht, an seiner Besserung zu verzweifeln. Wer sollte glauben, daß der Brudermörder Boleslaw, nicht nur ein guter Fürst, sondern auch ein guter Mensch geworden ist?

Au=

Anfangs zwar schien er den an seinem frommen Bruder begangenen Mord, wo nicht rechtfertigen, doch einigermassen entschuldigen zu wollen. Er gab vor: Wenzel habe dadurch, daß er um Frieden zu erlangen dem Deutschen Kaiser steuerpflichtig geworden, eine Art Verrätherey gegen die Freyheit der Böhmischen Nazion begangen; er habe also weniger den Fürsten, als den Feind des Vaterlandes umgebracht. Hiezu kam noch, daß Boleslaw den Böhmischen Fürsten Dobromir, der ein Anhänger der Deutschen gewesen, mit gutem Erfolg bekriegte; und das Deutsche Heer, das ihm zu Hülfe gekommen war, aus dem Felde schlug. Ueber der Freude einen so tapfern Herzog zu haben, vergassen nun die Böhmen gewissermassen des Brudermords; und da er auch sonst gute Anstalten in der Regierung machte, gewannen sie Boleslawn lieb.

Sowohl dadurch als weil er den von seinem Bruder Wenzel verheissenen Tribut nicht mehr entrichten wollte, ward Boleslaw mit dem Deutschen Kaiser, dieser war itzt Otto der Große Heinrichs des Voglers Sohn, in einen Krieg verwickelt, der vierzehn Jahre währte. Lang war Boleslaw wider

Vat. Gesch. I. Bändch.　　C　　den

den Kaiser siegreich; aber nachdem dir Hungarn treulos Mähren angefallen hatten; so bekam Otto die Oberhand, und drang bis vor Prag. Boleslaw wollte nun lieber nachgeben, als seine Hauptstadt der Verwüstung aussetzen; er nahm die Friedensbedingungen an, die der Kaiser vorschrieb. Sie bestunden in der Erneuerung des Tributs, und in der Verbindlichkeit, Kaiser Otten wider andere Feinde mit Hülfsvölkern beyzustehen. Dieser Friede ward im Jahre 950 geschlossen; und nun ward die Freundschaft zwischen Otto und Boleslaw nicht mehr erschüttert. Unser Herzog half an der Spitze seiner Böhmen dem Kaiser jenen großen Sieg wider die Hungarn im Lechfelde erfechten, seit welchem Deutschland von diesen Feinden Ruhe bekam. Otto aber stund dagegen wieder Boleslawn bey, daß er die Anfälle der Hungarn auf Böhmen abtreiben, und ihnen nach der Hand auch Mähren wieder abnehmen konnte. Denn so wie die Hungarn dieses letztere Land schon eher erobert hatten, Boleslaw aber es lieber noch eine Zeit in ihren Händen ließ, als daß er seiner Bundespflicht, dem Kaiser Hülfsvölker zuzuführen, nicht entsprochen hätte; so fielen auch die Hungarn, aus Rache, daß

die

die Böhmen im Lechfelde mit wider sie gefochten haben, aus Mähren selbst in Böhmen. Wie tief sie in das Land eingedrungen, ist schon das Beweises genug, daß sie
bey dieser Gelegenheit die Stadt Welwarn
angelegt haben. Aber durch kaiserliche Hülfsvölker unterstützt, warf sie Boleslaw nicht
nur glücklich wieder zum Lande hinaus; sondern er folgte ihnen auch nach Mähren, und
zwang sie durch einen grossen Sieg auch dieses Land zu räumen.

Diese Thaten sprechen für Boleslaws
Heldenmuth. Aber auch die übrigen Pflichten eines guten Fürsten erfüllte er gewissen-
haft. Seine Reue über den begangenen Brudermord konnte indessen das Andenken an
diese That nicht auslöschen. Man gab ihm
damal den Beynahmen des Grausamen, und
er behielt ihn; ob er sich gleich in seiner Regierung keiner Grausamkeiten schuldig gemacht
hat. So zieht auch eine einzige böse That
einen ewigen Vorwurf nach sich. Gewiß muß
es Boleslawn im Innersten wehe gethan haben: daß, als er aus reinem Eifer für die
Ausbreitung des Christenthums zu Prag einen Bischof zu haben wünschte, er sich mit
der Erklärung abfertigen lassen muste: ein

Mann, der mit Bruderblut befleckt ist, sey nicht würdig ein Bisthum zu stiften.

Die vier Kinder dieses Herzogs zeichneten sich alle durch Tugend und frommen Wandel aus. Prinzessinn Daubrawka bekehrte ihren Gemahl den Polnischen Herzog Miecislaw, und mit Hülfe einiger Geistlichen aus Böhmen die ganze Polnische Nazion zum Christenthum. Prinz Samobruh, so hieß eigentlich derjenige von Boleslaws Söhnen, den das Volk Strachqvas nannte, lebte als Benediktiner unter dem Nahmen: Cristannus, sehr fromm, und soll das älteste Leben seines Oheims Wenzel, und seiner Urgroßmutter Ludmilla geschrieben haben; und so wäre er der älteste Schriftsteller unserer Nazion. Von den zwey Uebrigen, Boleslawn seinem Nachfolger, und der Prinzessin Mlada, im folgenden Briefe.

IX.

Boleslaw II.

Boleslaw II. führte den Beynahmen des Sanftmüthigen, und verdiente ihn; aber er

ver-

verband mit seiner Sanftmuth eine ausnehmende Tapferkeit. Diese erfuhren die Hungarn, die er aus Mähren, in das sie eingefallen waren, wieder hinaus schlug; die Rebellen im heutigen Saatzer Kreise, die er zu Paaren trieb; ja selbst Kaiser Otto II., Otto's des Großen Sohn, und der Polnische Herzog nachmals König Boleslaw. Der Kaiser hatte den rebellischen Herzog von Bayern Heinrichen den Zänker bis über die Gränze nach Böhmen verfolget. Diese Verlezung seines Gebieths wollte unser Boleslaw durchaus nicht leiden: er eilte ihm mit einem Heere entgegen, und schlug Otten bey Pilsen. Den Sieg zu nüzen fiel er in Deutschland, eroberte die Stadt Meissen, und mehrere andere Orte. Eben so glücklich war sein Krieg gegen Polen; und, wenn man, wie es billig ist, auf die Ursache sehen will, für unsern Herzog noch viel rühmlicher. Sie haben es ja nicht etwa vergessen, lieber Karl! daß die Böhmische Prinzessinn Daubrawka, an den Polnischen Herzog oder König Miecislaw verheurathet war. Sie gebar in dieser Ehe einen Prinzen Nahmens Wladibog. Miecislaw hatte vor seinem Tode verordnet: dieser sein Sohn sollte auch einen Theil des Landes zu seinem Erbtheil bekommen. Aber der älteste Sohn Boleslaw befolgte den väterlichen Willen so wenig, daß er seinen jüngern Bruder vielmehr aus Polen zu fliehen zwang. Itzt nahm sich unser Boleslaw, um Wladibog den Sohn seiner Schwester an. In dem darüber entstandenen Krieg eroberten die Böhmen den an Mähren stossenden Theil Polens, das ist: ein Stück des heutigen Oberschlesiens; so wie einen Strich des itzigen Polens mit der Hauptstadt Krakau. Aber, leider! so glorreich und so gerecht dieser Krieg auch war, so trug er doch in der Folge nichts als die bittersten Früchte; denn er war die Quelle der so lang anhaltenden Feindschaft zwischen den Böhmen und Polen. Im übrigen behauptete Herzog Boleslaw seine Eroberungen im Meißnerlande (dem heutigen Sachsen) und in Schlesien, und Polen, so lang er lebte. Nur hat er einen Theil der letztern seinem Neffen Wladibog überlassen.

Eine der wichtigsten Ereignisse unter Boleslaws des II. Regierung ist die Errichtung eines eigenen Bisthums für Böhmen zu Prag; da dieses Land bis itzt unter den Bischöffen zu Regensburg in dem benachbarten Bayern gestanden hatte. Die Schwester Boleslaws

leslaws Mlada, eben die, welche ich zu Ende des vorigen Briefs genannt habe, trug viel dazu bey. Diese Prinzessinn ward von ihrem Vater Boleslaw dem Grausamen in ein Kloster der Benediktinerinnen nach Regensburg geschickt, um dort erzogen zu werden — denn die Nonnen gaben sich damals mit der Erziehung der Mädchen vorzüglich aber der Fürstentöchter ab. Sie gewann dadurch ihre Erzieherinnen nicht nur so lieb, daß sie dieselben auch in Böhmen einzuführen wünschte; sondern sie bekam auch Lust selbst eine solche Nonne zu werden. Nun reisete sie nach Rom, trat dort in den Orden, und erhielt von dem Pabst Erlaubniß, zu Prag ein Kloster für Benediktinerinnen zu errichten, dessen erste Vorsteherinn — man nennt das Aebtissin — sie selbst war. Während ihres Aufenthalts zu Rom hatte sie auch von ihrem Bruder unserm Boleslaw den Auftrag bekommen, den Pabst Johann den XIII. in seinem Nahmen zu ersuchen, daß er durch einen offenen Brief — man nennt dergleichen päbstliche Briefe Bullen — die Errichtung eines eigenen Bisthums zu Prag erlauben möchte. Sie erhielt das um so leichter, weil der Regensburger Bischof Wolfgang darein gewilligt hatte;

hatte; der weil Böhmen bis itzt unter seiner Aufsicht gestanden, allein etwas dawider hätte einwenden können. Nachdem Sie nun mit der Bulle nach Prag gekommen; ernannte ihr Bruder der Herzog einen gewissen Ditmar, einen Sachsen von Geburt, der aber die Böhmische Sprache redete, zum ersten Bischof zu Prag, welchem, nach einer kurzen Verwaltung, ein edler Böhme Wogtech, bekannter unter dem Deutschen Rahmen: Adelbert, folgte.

Mlada, welche die Deutschen Milada nannten, und der der Pabst den Rahmen Maria gegeben hatte, brachte mittlerweile ihr Nonnenkloster auch zu Stande. Das ist das sogenannte St. Georgenstift, dessen Aebtißinn in der Folge mit dem Rang einer Fürstinn zugleich das Recht erhielt, unsern Königinnen bey der Krönung die Krone mit aufzusetzen.

So wie Mlada Benediktinernonnen in Böhmen eingeführet, so berief Boleslaw Benediktinermönche in dasselbe, und baute ihnen zwey Klöster, eines zwar bey Prag, das itzt zu St. Margareth heißt. Da die Benediktiner damal an ihren Klöstern Schulen hielten, und auch die arme Jugend unterrichteten;

ten; so wurde Boleslaw dadurch ein Wohlthäter des Landes. Gesetzt auch die Wissenschaften, welche diese Geistliche ihren Schülern beybrachten, hätten sich nur auf das Lesen, Schreiben, und ein schlechtes Latein eingeschränkt; so war es doch immer besser, als gar nichts.

Der gute Boleslaw starb schon im 33ten Jahre seines Alters von allen Böhmen mit den aufrichtigsten Thränen beweint.

X.
Boleslaw III.

In der Geschichte, mein lieber Karl! werden wir mit guten, und bösen Menschen bekannt; und beydes zu unserm Besten: an den Ersten sehen wir, wie schön, und folglich nachahmungswürdig die Tugend? an den Zweyten, wie häßlich und folglich verabscheuungswerth das Laster sey? Was dieser Eingang soll? sie auf das Bild eines bösen Fürsten vorbereiten, das ich ihnen itzt gleich vorhalten werde.

Bo=

X. Brief.

Boleslaw III. hatte mit seinem vortrefflichen Vater nichts gemein, als den Nahmen. Seine Regierung fing gleich mit lauter Unglück an. Die Deutschen nahmen Meissen, und die Polen Krakau wieder weg. Freylich sind wohl auch oft schon sehr gute Fürsten im Kriege unglücklich gewesen: aber Boleslaw war an seinem Unglücke selbst Schuld. Sein Geiz scheute den Aufwand, den er zum Schutz der väterlichen Eroberungen hätte machen müssen. Ja! selbst Mähren ließ er an die Polen, welche durch seine Fahrläßigkeit immer mehr Muth bekamen, verloren gehen. Und wissen sie, was er mittlerweile zu Hause machte? er spielte den Tyrannen gegen seine nächsten Angehörigen. Lasterhafte Menschen sind immer argwöhnisch auf Andere; so warf auch Boleslaw einen Argwohn auf seine beyden jüngern Brüder: Jaromir und Ulrich, als wenn sie nach der Regierung strebten. Vermuthlich schloß der Bösewicht von sich auf seine Brüder; und maß ihnen das bey, was er in ihrer Lage selbst gethan haben würde. Durch abscheuliche Mißhandlungen — den einen aus ihnen Ulrichen wollte er gar im Baade erdroßeln lassen — suchte er sie auffer Stand zu setzen, etwas zu unternehmen. Endlich jagte

jagte er sie aus dem Lande. Und da seine Mutter Emma sein grausames Betragen tadelte; so ging es auch ihr nicht besser.

Wer kann einen bösen Sohn nicht verabscheuen, mein guter Karl? das thaten nun auch die Böhmen allgemein. Aber die Grossen, das ist: die Vornehmsten blieben nicht beym blossen Abscheu stehen. Es entstund ein Aufruhr. Boleslaw mußte fliehen; und die Grossen beriefen den schon sonst erwähnten Polnischen Prinzen Wladibog zum Böhmischen Throne. Wir wissen nicht eigentlich, warum man, wenn man ja Boleslawn für unwürdig hielt zu regieren, nicht seinen Brüdern die Regierung aufgetragen hat. Indeß erfüllte Wladibog die auf ihn gesetzte Hofnung schlecht; starb auch bald darauf, vielleicht an den Folgen seiner Ausschweifungen im Trinken. Denn die alten Nachrichten schildern ihn als einen durstigen Bruder. Nun kamen Jaromir und Ulrich nach Prag. Aber sogleich zwang sie der vertriebene Boleslaw wieder von da zu entfliehen. Er hatte, von dem Polnischen Boleslaw einiges Kriegsvolk erhalten: mit diesem kam er nun zurück, und bemächtigte sich der Regierung wieder. Seine Brüder hatten sich zwar seiner Rache durch die Flucht ent-

entzogen; aber um so grausamer verfuhr er gegen die Großen. Er erstach einen derselben aus dem Hause Wrssowecz in einer öffentlichen Versammlung mit eigener Hand. So was ist immer wider die Würde eines Fürsten, wenn auch ein Rebell dadurch bestraft würde, es heißt dem Henker in sein Amt eingreifen. Und wenn man erst bedenket, daß dieser Wrssowecz eine Tochter Boleslaws zur Frau hatte; so wird man sich um so weniger wundern, daß der Abscheu über diese That zum zweyten Mal in einen allgemeinen Aufruhr ausgebrochen ist. Indeß gingen die Böhmen itzt vorsichtiger zu Werke. Sie erinnerten sich, daß der Polnische Boleslaw ihren vertriebenen Herzog geschützt habe. Ihm diesen Schutz zu entziehen, bothen sie dem König von Polen unter der Hand selbst den Thron an. Dieser hatte gar kein Bedenken ihn zum Nachtheil seines bisherigen Freundes anzunehmen. Zum Beweise: daß zwischen bösen Menschen keine wahre Freundschaft Statt finde. Er lockte den Böhmischen Boleslaw, unter dem Deckmantel der Gastfreundschaft, nach Krakau, ließ ihn blenden, um ihn zur Regierung untauglich zu machen, rückte dann mit einem Heer in Böhmen, wo man

ihn

ihn aller Orten, als einen Befreyer von dem
Joch eines Tyrannen mit Freuden aufnahm.

Boleslaw III. lebte in seinem elenden
Zustande noch viele Jahre; und hatte Zeit
genug das Böse zu bereuen, das er gethan
hatte. Man hatte ihm, aus Abneigung die
Beynahmen, des Rothkopfs, und des Geizigen, gegeben. Der erste deutet auf seine rothen Haare; der zweyte auf seinen niedrigen
Geiz. Die Mißhandlung, die er von seinem
treulosen Freunde dem Polnischen Boleslaw
erlitten hat, brachte ihm den dritten, jenen
des Blinden, zuwegen.

XI.

Jaromir. Kaiser Heinrichs II. Theilnahme an Böhmens Angelegenheiten.

Jaromir hatte nach dem blinden Boleslaw
das nächste Recht auf Böhmen; aber es fehlte
ihm an Macht, es wider den Polnischen Boleslaw
geltend zu machen. Er suchte also den Schutz
des Deutschen Kaisers. Dieser war itzt Heinrich II. mit dem Beynahmen: der Heilige.
Ich muß sie hier, mein Bester! auf etwas

auf-

aufmerksam machen, woraus so manches in der Folge ihnen deutlicher seyn wird. Ein Deutscher Kaiser war in jenen Zeiten wahrer Oberherr der übrigen Fürsten in Deutschland. Sie musten ihm Hof- und Kriegsdienste leisten; er konnte sie selbst ihrer Fürstenthümer entsetzen; die sie eigentlich nur aus seiner Gnade besaßen. Es war auch eine Zeremonie eingeführet, die man die Belehnung nannte, und die hierin bestand, daß der Fürst um die Ertheilung des Landes den Kaiser ansprach, und ihn dabey seiner Treue versicherte; der Kaiser aber ihm das Land, meistens durch die Ueberreichung einer Fahne, feyerlich übergab; oder wie man zu sagen pflegte, ihn damit belehnte. Sie wissen wohl, mein lieber Karl! daß, wenn mir jemand etwas lehnet, ich mich zwar dessen bedienen kann, aber eigentlicher Herr davon bin ich nicht: so kann ich das entlehnte Buch lesen, aber ich darf es nicht veräussern. Ein Fürst genoß also die Einkünfe des Landes, mit dem ihn der Kaiser belehnt hatte: aber wahrer Oberherr desselben blieb immer der Kaiser, an den es auch zurück fiel, und der damit den Sohn aufs neue belehnte; ob er es schon, besonders in den ältesten Zeiten, auch einem

an=

andern geben konnte. Alle Länder dieser Art nannte man Reichslehne. Nun wissen sie bereits, mein Karl! daß schon unsere heydnischen Herzoge, dann Herzog Wenzel, und Herzog Boleslaw der I. den Deutschen Kaisern steuerpflichtig geworden sind. Aber Böhmen war darum kein Reichslehn; es fiel nicht nach dem Tode des Herzogs an den Kaiser zurück; sondern der Sohn bestieg nach dem Tode des Vaters den erledigten Fürstenthron ohne alle Dazwischenkunft des Kaisers. So gewiß das ist; so ausgemacht ist es auch: daß die Kaiser gar sehr darnach strebten, Böhmen zu dem, was es nicht war, zu einem Reichslehn zu machen; und der ihnen aus Friedensliebe bewilligte Tribut selbst machte ihnen Muth und Hofnung es endlich dahin zu bringen. Es war also eine sehr erwünschte Gelegenheit für Kaiser Heinrichen II., daß ihn Jaromir um seinen Beystand wider den Polnischen Boleslaw ansprach; er sagte ihm denselben in der Voraussetzung zu, daß der wiedereingesetzte Herzog Böhmen für ein Reichslehn erkennen würde. Hiezu kam noch die Besorgniß, daß der Polnische Boleslaw, wenn er zugleich Böhmen besitzen würde, ein zu mächtiger Nachbar des Deutschen Reichs seyn dürfte. Aus

XI. Brief.

Aus diesen Gründen zog also Kaiser Heinrich II. mit einem Heere nach Böhmen. Jaromir ging mit einiger Mannschaft voraus; und die Böhmen öfneten aller Orten dem rechtmäßigen Landeserben die Thore, und halfen selbst die Polen vertreiben. Im kurzen war das ganze Land von ihnen gereinigt, und Jaromir durchgängig als Herzog anerkannt.

Aber nur etwa sieben Jahre genoß dieser Fürst seines Glückes. Der größte Feind seiner Ruhe war sein eigener Bruder, Ulrich. Von Herrschsucht verleitet, schwärzte er Jaromirn bey Kaiser Heinrichen an, als wenn derselbe tyrannisch regierte. Einige Vornehme, insbesondre aus dem Hause Wrssowecz, hatten Jaromirn nach dem Leben gestrebt — es scheint, daß die Wrssowecze seit der Zeit, als Herzog Boleslaw III. einen aus ihnen ermordet hat, dem Herzoglichen Hause eine ewige Rache geschworen haben — er bestrafte sie durch den Tod: und nun muste er ein Tyrann heissen. Der getäuschte Kaiser unterstützte Ulrichen, welcher dadurch leicht sich des Landes bemächtigte, und Jaromirn zur Flucht zwang. Der unglückliche Fürst verließ sich auf die Gerechtigkeit seiner Sache,

floh

floh zu Kaiser Heinrichen: aber da derselbe wider ihn schon zu sehr eingenommen war; so fand er bey ihm so wenig Gehör, daß er vielmehr dem Merseburger Bischof Ethelbold als Gefangener übergeben ward.

XII.

Herzog Ulrich. Ursprung der Böhmischen Kur.

Auf eine schändliche Art hatte sich also Ulrich auf Böhmens Thron geschwungen. Denn es war allerdings schändlich: den rechtmäßigen Besitzer davon zu verdringen, und seinen leiblichen Bruder bey dem Kaiser zu verläumden. Das erste war Rebellion wider seinen Fürsten, und durch das zweyte verletzte er das heilige Band, das die Natur selbst zwischen den nächsten Verwandten gewebet hat. Aber auch als Verräther gegen den Staat, in dem er lebte, erscheinet Ulrich. Um über denselben zu herrschen — eigentlich nur einige Jahre früher zu herrschen; denn er war ohnehin des kinderlosen Jaromir nächster Erbe — untergrub er dessen Freyheit, und machte ihn von dem Kaiser, soviel an ihm war, abhängig. Denn er konnte es leicht voraussehen: daß die Kaiser sich dessen, was man ihnen itzt einräumte öfter werden anmassen; daß sie öfter Böhmische Herzoge werden absetzen, und ernennen wollen.

Eben so wenig, als Ulrich, seine unbändige Herrschsucht im Zaume zu halten wuste, war er auch Herr über seine übrigen Leidenschaften. Die Art seiner Heurath ist mit ein Beweis davon. Er sah, als er von der Jagd durch ein Dorf zurückkehrte, ein Bauernmädchen, das mit Waschen beschäftiget war: ihre Gestalt gefiel ihm, und er nahm sie auf der Stelle zur Frau. Wie übereilt! Wuste er denn, daß die schöne Bozena — so hieß sie — auch gut ist? Gewiß! lebte er in dieser Ehe glücklich; so war es bloßer Zufall, nicht sein Verdienst. Das ist ein unbesonnener Mensch, der vom einmal sehen schon auf die Leute schließt, und so einen Freund, oder eine Freundinn wählet. Man muß eher, sagten die alten Deutschen, einen Scheffel Salz mit einem Menschen gegessen haben, ehe man mit ihm Freundschaft schließt.

Sonst, lieber Karl! ist diese Geschichte wohl mit ein Beweis, wie närrisch es bisweilen ken in der Welt zugeht? Bozena war nur eine Bauerndirne: und wenn man nun einem Edelmann hätte zumuthen wollen, ihr mit einer Art Achtung zu begegnen; sein Stolz würde ein Hohngelächter darüber aufgeschlagen haben. Sie ward Herzoginn, und itzt machte ihr der Vornehmste im Lande seine Aufwartung. Noch mehr! von dieser Bozena stammen fünf und zwanzig regierende Könige von Böhmen, und vierzehn Römische Kaiser ab. Wie viel Prinzeßinnen haben ein so glänzendes Gefolge von Nachkömmlingen, wie diese Bäuerinn?

Da Ulrich ein Sklave seiner Leidenschaften war, sich von der Liebe zu Unbesonnenheiten, von der Herschsucht zum Laster hinreißen ließ; so war er schon kein guter Mensch. Was den Fürsten betrift: so war er vorzüglich darauf bedacht, sich nicht nur auf Böhmens Thron zu behaupten, sondern auch Mähren, was noch immer in den Händen der Polen war, wieder an Böhmen zu bringen. Es war ihm also ein gefundener Handel, daß Kaiser Heinrich die Polen mit Krieg überzog: er nahm Theil an demselben, und hoffte Mähren bey dieser Gelegenheit zu erobern. Aber die Polen wehrten sich tapfer, so daß man im Frieden vom Jahre 1018 Mähren noch in ihren Händen laſſen muſte.

Man ſieht hieraus, daß es nicht etwa bloß Dankbarkeit für das durch ihn erlangte Herzogthum, ſondern auch ſein eigener Vortheil war: daß er Kaiſer Heinrichen mit ununterbrochener Treue anhing. Sonſt ſahen aber auch die Fürſten Deutſchlands, den Herzog von Böhmen für einen Bundesgenoſſen an, der ihrem Reiche viel Vortheil bringen könnte. Um ihn alſo noch enger mit demſelben zu verbinden: lieſſen ſie nach Kaiſer Heinrichs II. Tod im J. 1024 Herzog Ulrichen einen neuen Kaiſer mit wählen. Und dieſes iſt der eigentliche Urſprung der Böhmiſchen Kur, das iſt: ſeit der Zeit rechnet man die Herzoge, und hernach die Könige von Böhmen unter diejenigen Fürſten, welche das Recht haben, den Kaiſer zu wählen, und welche man von dem altdeutſchen Worte küren, das eben ſo viel als wählen heißt, Kurfürſten nennet.

XIII.

XIII.

Herzog Ulrich Fortsetzung. Brzetislaws erste Thaten. Mähren an Böhmen.

Mit dem neuen Kaiser Konrad dem II., den er selbst mit hatte wählen helfen, stund Ulrich so lang im guten Vernehmen, als ihm dieses sein eigener Vortheil rieth. Dieser war, die Polen, welche seinem Hause und seinem Vaterlande schon so viel zu Leid gethan hatten, zu schwächen. Er machte also mit dem Kaiser, als dieser sie bekriegte, gemeine Sache. Der Krieg ward mit mehr Glück, Ruhm, und Vortheil geführt, als der erste; und das war der Tapferkeit Brzetislaws, des einzigen Sohnes Ulrichs aus Bozena, zuzuschreiben. Dieser Prinz spielt eine wichtige Rolle in unserer ältern Geschichte. Schon als Kind gewann er alle Herzen durch seine ausserordentliche Schönheit; als Jüngling verdunkelte er durch seine Thaten den Kriegsruhm manches grauen Helden; und als Mann und Herzog brachte er Böhmens Ruhm und

Glück

XIII. Brief.

Glück auf einen Gipfel, den sie zuvor niemals erstiegen hatten. Um mich bey ihnen, lieber Karl! nicht dem Verdachte auszusetzen, als wenn ich, von Brzetislawn zu sehr eingenommen, seine Fehler verschweigen wollte, muß ich von einem derselben itzt gleich reden. Er ließ sich von der Liebe eben so zu einer Unbesonnenheit hinreissen, wie einst sein Vater; und vielleicht hatte dem Söhnchen das böse Beyspiel des Herrn Papa Muth gemacht. Er entführte eine Deutsche Fürstentochter Nahmens Judith aus einem Kloster zu Regensburg, wo sie erzogen ward, mit Gewalt. Ein Schritt der um so mehr zu tadeln ist; weil gewiß kein Deutscher Fürst Anstand gemacht haben würde: Brzetislawn, dem künftigen Herzoge Böhmens, seine Tochter zur Frau zu geben; wenn er, wie es sich ziemte, um sie angehalten hätte.

Rühmlicher stritt der junge Held unter den Fahnen des Gottes des Krieges, als unter jenen der Göttin der Liebe. Er griff nach dem Auftrage seines Vaters Herzog Ulrichs, an der Spitze der Böhmischen Krieger Mähren an; jagte die Polnischen Besatzungen siegreich hinaus, und bemächtigte sich im kurzen im Nahmen seines Vaters des ganzen Landes,

des, das die Polen seit dem Regierungsantritte Boleslaws des III. immer besessen hatten. Ulrich, über diese Eroberung entzückt, überließ das Land, um ihn zugleich für seine Tapferkeit zu belohnen, der Verwaltung Brzetislaws selbst. Sie wissen, mein Karl! daß Mähren mit Hungarn gränzet. Nun, war dessen König Stephan gerade mit dem Kaiser Konrad in Krieg verwickelt. Das war unserm feurigen, ruhmsüchtigen Brzetislaw eine erwünschte Gelegenheit, sich aufs neue als Held auszuzeichnen. Er fiel ohne weiters in Hungarn ein, in der Voraussetzung: da sein Vater der Herzog Ulrich ein Bundesgenoß des Kaisers wäre; so würde er es gewiß gut heissen, wenn man demselben wider was immer für Feinde beystünde. Aber hier irrte er: Ulrich wollte dem Kaiser nur gegen die Polen Hülfe leisten, weil er bey dieser Gelegenheit Mähren zu erobern hoffte, und an den Polen, für alles Böse, was sie seinem Hause zugefügt hatten, sich zu rächen wünschte. Hungarn hingegen wollte er nicht gern geschwächt sehen, weil der Kaiser dadurch zu mächtig, und selbst Böhmen gefährlich geworden wäre. Auch hatten sich die Hungarn schon seit Boleslaws des I. Zeiten ganz friedlich

lich gegen Böhmen betragen. Vielleicht ward Ulrich auch selbst auf seinen Sohn argwöhnisch: er war nicht Herr sondern bloß Statthalter von Mähren; und hätte also keinen Krieg eigenmächtig, ohne die Gesinnung seines Vaters und Herrn darüber einzuholen, anfangen sollen. Aus diesen Gründen rief also Ulrich Brzetislawn zu sich, und nahm ihm die Verwaltung Mährens. Sie werden ehestens erfahren, daß der Kaiser das gar nicht gut genommen habe.

XIV.
Ulrichs Händel mit dem Kaiser, und Tod.

So wie es Kaiser Konraden gewiß sehr unlieb war: den Beystand der tapfern Böhmen, der ihm wider die Polen so gut zu statten gekommen war, wider die Hungarn entbehren zu müssen; so wird sie die Rache, die er dafür an Herzog Ulrichen ausgeübt hat, um so weniger befremden, mein lieber Karl! Die Lateiner haben ein Sprüchelchen in welchem sie den Königen lange Hände beymessen. Sie
wollen

wollen dadurch sagen: daß die Rache der
Grossen der Welt den, der sie beleidigt hat,
immer erreiche; das erfuhr nun auch Herzog
Ulrich. Kaiser Konrad verbarg seinen Zorn,
um ihn Ulrichen um so gewisser fühlen zu
lassen. Er lud ihn zu sich nach Werben ein,
und da derselbe, ohne etwas Arges zu befürch=
ten, erschien, ward er auf Befehl des Kaisers
in Kerker geworfen. Ein alter Böhmischer
Geschichtschreiber, behauptet: die Polen hät=
ten den Kaiser wider Ulrichen nicht nur auf=
gehetzet, sondern seine Gefangennehmung so=
gar durch Geldbestechungen bewirket. Das
ganze Verfahren des Kaisers wäre also aus
einem doppelten Grunde niedrig gewesen: weil
er mit Hinterlist vorgegangen, und weil er
sich dazu hatte erkaufen lassen.

Bey der Gelegenheit dieser Gefangen=
nehmung Ulrichs, erinnerte sich der Kaiser,
an den, von seinem Vorfahr Heinrich auf
Ulrichs Aufhetzung eingekerkerten Jaromir.
Man fing es an einzusehen: daß diesem un=
glücklichen Fürsten Unrecht geschehen sey;
und beschloß also ihn zwar nicht ganz doch
in etwas schadlos zu halten. Konrad ließ
Ulrichen die Freyheit anbiethen, doch mit der
Bedingung: er sollte seinem nun ebenfalls be=
frey=

freyten Bruder Jaromir, die Hälfte von
Böhmen abtreten. Ich kann mich nicht über=
reden, lieber Karl! daß Kaiser Konrad dies
von Ulrichen bloß aus Mitleiden mit Jaro=
mirn, und also aus einem wohlwollenden
Herzen gefodert habe. Es war für Deutsch=
land immer vortheilhafter, wenn Böhmen von
mehrern Herren beherrscht würde; um so
leichter konnte man es nach und nach unter=
drücken. Indeß versprach Ulrich dem Kaiser
alles, um — nichts zu halten. Denn so wie
er nach Böhmen zurück kam, gab er seinem
Bruder Jaromir so wenig einen Theil des
Landes, daß er ihn vielmehr seiner Augen
berauben ließ; um ihn dadurch zur Regierung,
und folglich zum Besitz eines Theils von
Böhmen untauglich zu machen. Ich finde
in keinem Geschichtschreiber die mindeste Spur,
daß Kaiser Konrad, sich um den so grausam
mißhandelten Jaromir angenommen habe.
Was wirklich sehr befremdend ist; weil die=
ser Keiser sonst von den Deutschen Geschicht=
schreibern, als einer der weisesten, gerechte=
sten, und biedersten, kurz, der besten Fürsten
geschildert wird.

  Was soll man aber von Ulrichen sa=
gen, der sich eine solche Grausamkeit gegen
einen

einen Bruder erlaubte, den er eher wider alles Recht seines Herzogthums beraubt hatte? nichts anderes, als daß er, er mag als Fürst noch so gut gewesen seyn, doch ein sehr böser Mensch war. Dieser Fürst erfuhr sonst viele Nachstellungen, von den dem Herzoglichen Hause aufsäßigen Wrssoweczen; und starb nach einer 25jährigen Regierung in einem Jahre mit seinem ältesten blinden Bruder dem ehemaligen Herzog Boleslaw III. Daß Ulrich eben nicht der beste Karakter gewesen seyn mag, erhellet auch daraus: daß er einen gewissen Severus, oder, wie die Böhmen sprechen, Ssebyr (Schebir) zum Bischof machte, dessen gröste Empfehlung darin bestund, daß er ihn fleißig auf die Jagd begleitete, und das erlegte Wildpret sehr schmackhaft zu bereiten wuste. Also der Jäger und Koch, taugte zum ersten Lehrer des Volkes?

XV.

XV.

Brzetislaws Regierungsantritt. Glorreicher Krieg wider Polen.

Der geblendete Jaromir hatte also seinen Bruder Ulrich überlebet; und da er durch denselben eben so ungerechter als gewaltsamer Weise vom Throne war verdrungen worden; so war er unstreitig noch immer der rechtmässige Herr des Landes; und hatte also ein volles Recht die Regierung wieder anzutreten. Aber seine Blindheit machte ihn, wo nicht ganz untauglich, doch mißmüthig: er trat also sein Recht seinem Neffen Brzetislaw ab, stellte denselben dem ganzen versammelten Volke, als Herzog, vor, hieß ihn den Fürstenstul, der, im Vorbeygehen gesagt, weiter nichts als ein unförmiger Stein war, besteigen, und ermahnte die Versammelten zur Treue, und zum Gehorsam gegen ihn. Da der junge Brzetislaw sich schon eher durch seine Kriegsthaten ausgezeichnet hatte; so freute man sich um so mehr, ihn zum Herzog zu haben; wie dann die Böhmen die Tapferpferkeit an ihren Regenten immer geliebt haben.

Die Chronisten haben unserm Brzetislaw den Beynahmen: der Böhmische Achilles, gegeben. Sie wollten dadurch sagen: er wäre eben so tapfer gewesen, wie der Thessalische König Achilles, der einst mit andern Grichischen Helden Troja bekriegt hat, und von den Trojanern mehr als alle Andere gefürchtet worden ist.

Die Polen hatten sich schon lang immer als gefährliche Nachbarn von Böhmen gezeigt: Brzetislaw beschloß sie ausser Stand zu setzen, ihm ferner schaden zu können. Er griff sie also im Jahre 1038 mit Krieg an. Man nennt unter den Städten, die er erobert hat: Breßlau, die Hauptstadt des heutigen Schlesiens, welches Land damals ein Theil des Königreichs Polen war, dann Posen, und Gnesen. Wenn sie diese Städte auf der Landkarte aufsuchen wollen, so werden sie sehen lieber Karl, wie tief Brzetislaw in das Land der Feinde eingedrungen ist. Im Jahre 1039 kehrte der Sieger triumphirend aus Polen zurück; und brachte viele Schätze, zahlreiche Heerden, und eine nicht unbeträchtliche Anzahl Polnischer Landsassen mit nach Böh-
nen;

men; so daß man von diesem Kriege sagen kann: Böhmen sey durch ihn reicher und bevölkerter geworden. Sonst sind die Kriege den Siegern nicht weniger verderbend als den Besiegten. Was Brzetislawn bewogen hat, diesen glücklichen Krieg so bald zu endigen, werde ich ihnen im nächsten Briefe sagen. Er endigte ihn indessen rühmlich; denn er legte den Polen einen jährlichen Tribut auf.

Da er aus Polen zurückkam, hielt er einen prächtigen Einzug zu Prag. Der aber mehr einer sogenannten Prozession glich; weil man viele kostbare Kirchengefäße, und Reliquien, unter der Läutung der Glocken, und der Absingung geistlicher Lieder nach der Hauptkirche brachte. Unter den Reliquien soll der Leib des ehemaligen Prager Bischofs des heiligen Adalbert gewesen seyn. Wie komisch? den Lebenden hat man durch Ungehorsam vertrieben; und seine Leiche nahm man mit Jubel auf. Freylich gehört mehr Selbstüberwindung dazu, böse Neigungen zu besiegen, als Loblieder zu singen.

Wegen der Reliquien, und vielleicht noch mehr, wegen der silbernen und goldenen Leuchter, Lampen, Kelche und anderer Kirchengegeräthe ward unser Herzog von einer Polnischen Gesandtschaft bey Pabst Benedikt dem IX. verklagt. Der Pabst, den damal die Fürsten selbst fürchten musten, war sehr böse, und beschuldigte Brzetislawn eines Kirchenraubs. Aber die Böhmischen Gesandten bestachen die Kardinäle, die Räthe des Pabstes; und nun ward dem Herzoge nur auferlegt eine Kirche in Böhmen zu bauen. Er that es: und die Polnischen Kirchenschätze blieben in Böhmen. Sonst geschah es wohl auf den Rath des Brzetislawn begleitenden Bischof Severus: daß man so viele Reliquien mit nach Böhmen brachte.

XVI.
Anfang des Kriegs mit Kaiser Heinrich III.

Auf den Polnischen Krieg folgte sogleich einer mit dem Deutschen Kaiser: oder eigentlicher zu reden, die Feindseligkeiten des Kaisers zwangen Brzetislawn den Krieg mit Polen zu endigen. Auf dem Deutschen Kaiserthrone saß damals Konrads des II. Sohn
Hein-

XVI. Brief.

Heinrich III., einer der größten Kaiser, die Deutschland gehabt hat. Er war mit Kasimir dem noch unmündigen König von Polen verwandt; und daher glauben Einige, er hätte zu dessen Schutz wider Brzetislawn die Waffen ergriffen. Dieser Beweggrund wäre freylich schön gewesen; aber ich zweifle, ob er der wahre war? Die Fürsten, lieber Karl! dürfen selten auf so zärtliche Verbindungen sehen. Der Vortheil des Staats, wie man zu reden pflegt, das ist: die Vergrösserung ihrer Macht, ist fast immer die Haupttriebfeder ihrer Handlungen.

Erinnern Sie sich mein lieber kleiner Freund! daß schon die beyden Kaiser: Heinrich der Vogler, und Otto der Grosse, es dahin gebracht hatten, daß ihnen die Böhmen eine Steuer zählten. Heinrich II. ging noch weiter. Er wagte es durch die Verrätherey Ulrichs unterstützt, Jaromirn des Herzogthums zu entsetzen; und Konrad warf den regierenden Herzog Ulrich in Kerker. So viel Schritte hatten die Deutschen Kaiser gethan, um die Oberherrschaft über Böhmen zu behaupten. Brzetislaw ließ durch alles, was er that, den Kaiser nicht hoffen, daß er sich sehr unterwürfig gegen ihn betragen würde. Er

hat-

hatte, ohne den Kaiser zu fragen, den Böhmischen Thron nach dem Erbrechte bestiegen; die von seinen Vorfahren jährlich entrichtete Steuer, nicht gezahlet; und Heinrich III. konnte wohl vorsehen: daß wenn es diesem Fürsten gelingen sollte, durch mehrere Eroberungen von den Polen, seine Macht zu vermehren, er dem Kaiser nicht nur keine Unterwürfigkeit bezeigen, sondern ihm noch oben drein gefährlich werden dürfte. Er beschloß ihm also vorzukommen, und griff ihn mit Krieg an.

Brzetislaw war nur eben aus Polen zurückgekehret, als die Kaiserlichen Völker in Böhmen einfielen. Sie fanden in einigen kleinen Gefechten von der Seite der Böhmen tapfern Widerstand. Indeß kam unserm Herzog dieser neue Krieg zu unvermuthet; und er war noch nicht in der gehörigen Verfassung, ihn mit Nachdruck zu führen. Um Zeit zu gewinnen, und während derselben gute Anstalten zu treffen; verfiel er auf den Gedanken, mit dem Kaiser Friedensunterhandlungen anzufangen. Er schickte also seinen ältesten Sohn Zpitihnew mit Friedensvorschlägen an Heinrichen. Da diese nicht so waren, wie sie der Kaiser wünschte; so behielt er Zpitihnew als einen Gefangenen zurück, wodurch Heinrich, so ein grosser Mann er sonst war, doch wider die Rechtschaffenheit gehandelt hat. Dies geschah noch im Jahre 1039.

Da während der Zeit der Absendung des Prinzen Zpitihnew an den Kaiserlichen Hof alle Feindseligkeiten eingestellt waren; so nützte Herzog Brzetislaw die Zeit, um gute Vorkehrungen zu treffen. Böhmen, mein guter Karl! ist ein kleines Land gegen Deutschland gehalten. Und in jenen Zeiten, in welchen der Deutsche Kaiser eine ungemein grössere Gewalt hatte, konnte derselbe ganz leicht sieben- oder achtmal mehr Soldaten ins Feld stellen, als ein Herzog von Böhmen. Was also Brzetislawn an der Anzahl der Streiter abging, suchte er auf eine andere Art zu ersetzen. Er ließ in den Gränzwaldungen Verhaue machen; das ist: die Zugänge, durch die der Kaiser eindringen konnte, durch umgehauene Bäume gleichsam verrammeln. Im nächsten Briefe werden sie sehen, wie viel Vortheil ihm das gebracht habe.

XVII.

XVII.

Brzetislaws großer Sieg bey Stockau.

Im Jahre 1040 fiel Kaiser Heinrich III. Böhmen mit zwey Heeren an. Das kleinere bestund aus Sachsen, und sollte unter der Anführung eines sichern Eckard aus dem Meißnerlande in Böhmen einbrechen; indeß der Kaiser selbst des grössere, aus Bayern Franken und Schwaben zusammengesetzte, bey Cham in Bayern versammelte, und von dort aus Böhmen bedrohte. Brzetislaw hatte seinen Feldherrn Prokop von Bilin mit einem Theile seiner Krieger Eckarden und den Sachsen entgegen gestellt, er selbst machte sich gefaßt, den Kaiser mit dem Hauptheere wohl zu empfangen. Prokop vertheidigte die Zugänge in den Gränzwaldungen so gut, daß sich die Sachsen nach vielem Verlust an Mannschaft unverrichteter Sachen zurück ziehen musten. Noch viel schlimmer ging es, ungeachtet seiner Uebermacht, dem Kaiser.

Dieser fand bey seinem Zuge aus Bayern durch die Verhaue alle Zugänge unwegsam. Er muste sie durch seine Soldaten frey machen. Diese einige Tage fortgesetzte Arbeit ermüdete das ganze Heer; und nun fiel es Brzetislaw, der sich mittlerweile hinter den Verhauen ganz ruhig verhalten hatte, mit seinen Böhmen unvermuthet an. Den Abgematteten war es nicht möglich frischen ausgerasteten Kriegern lang zu widerstehn. Die Böhmen erfochten einen der herrlichsten Siege, den sie im Grunde dem erfinderischen Geiste ihres Herzogs zu danken hatten. Sehen sie, mein lieber Karl! daß es auch im Kriege mehr auf einen hellen Kopf, als auf nervichte Fäuste ankömmt. Der Ort, wo diese große Schlacht vorfiel, heißt auf Bömisch: Piwonka, oder Biwanka, auf Deutsch: Stockau. Den letzten Nahmen wollen einige von den vielen Stöcken der gefällten Bäume herleiten. Andere finden eine Anspielung auf den Umstand darin: daß die erschlagenen Deutschen wie die Stöcke häufig da gelegen sind. Brzetislaw baute zum Andenken des Sieges eine Kapelle. Man behauptet: der Altar in derselben wäre an eben der Stelle errichtet worden, wo er auf einem Stock gesessen.

sessen, und nach der Schlacht ausgeruht hätte. Sonst war die Niederlage der Deutschen ausserordentlich groß; vorzüglich blieben sehr viele Edelleute todt, so wie auch eine große Anzahl derselben in die Böhmische Gefangenschaft gerieth. Gegen einige von ihnen muste der Kaiser den Böhmischen Prinzen Zpitihnew, den er so widerrechtlich seiner Freyheit beraubt hatte — denn derselbe war nicht etwa als Befehlshaber der Soldaten, um den Kaiser zu bekriegen, sondern als Gesandter um über den Frieden zu unterhandeln von seinem Vater nach Deutschland geschickt worden; und Gesandte sind überall auch mitten im Kriege unverletzlich — er muste, sage ich, diesen Prinzen wieder frey lassen.

So wie aber dem Kaiser für itzt nichts übrig blieb, als sich aus Böhmen zurück zu ziehen; so war Brzetislaw von seinen Anfällen darum doch nicht auf immer befreyt. Heinrich III. war überhaupt ein tapferer, und glücklicher Krieger; wenn so einem einmal eine Schlappe angehängt wird, so wird er dadurch nur noch mehr zur Rache gespornet. Heinrich machte also den Winter über fürchterliche Anstalten zu einem neuen Angriff

griff auf Böhmen, der ihm auch besser als die beyden vorigen gelungen ist.

XVIII.

Friede mit dem Kaiser. Brzetislaw führt das Seniorat ein.

Das Kriegsglück ist unbeständig, lieber Karl! und das erfuhr der brave Brzetislaw, nachdem er bis itzt wider die Polen sowohl, als wider den Kaiser immer gesiegt hatte. Zwar hatte er für den Feldzug von 1041 eben so gute Anstalten getroffen, als für die beyden vorigen; aber seine Befehle wurden itzt nicht befolgt. Prokop von Bilin hatte den Auftrag die engen Pässe in den Gränzwaldungen zu besetzen. Er that es nicht, entweder aus Verrätherey, oder aus blosser Nachlässigkeit. Der Kaiser drang also mit seinem viel stärkern Heere, als es im vorigen Feldzuge war, durch die unbesetzten Pässe, bis in das Herz des Landes, und stund unvermuthet vor der Hauptstadt Prag. Brzetislaws Verlegenheit vermehrte noch die Treulosigkeit des Prager Bischofs Severus, der seinen Fürsten

in

in dieser Noth verließ, und zu dem Kaiser überging. Der Herzog hatte nun kein anderes Mittel, die Hauptstadt, und das ganze Land zu retten, als daß er bey dem Kaiser um Frieden anhielt. Heinrich foderte den seit drey Jahren rückständigen Tribut; und die Erneuerung desselben für die Zukunft. Brzetislaw entschloß sich dazu. Da aber der Kaiser unserm Herzog bey dieser Gelegenheit nicht zugemuthet hat: den Polen die ihnen abgenommenen Städte in dem heutigen Schlesien zurückzustellen, oder auch den ihnen auferlegten Tribut zu erlassen; gab er dadurch ganz deutlich zu verstehen, daß er den Krieg nicht zum Schutze Polens, sondern wegen seines eigenen Vortheils angefangen habe. Seit dieser Zeit lebte Brzetislaw mit Kaiser Heinrichen im besten Vernehmen; und gab ihm auch Hülfsvölker wider die Hungarn, welche dieser große Kaiser zwang, die Deutsche Oberherrschaft zu erkennen.

In Böhmen selbst war durch die übrige Regierungszeit Brzetislaws Ruhe. Dieser Herzog machte sonst einige merkwürdige Gesetze. Es herrschte bisher eine Ungebundenheit in Böhmen, die von der Sittlichkeit der Nazion keinen guten Begriff machte: Eheleute te verliessen einander wieder, wenn es ihnen einfiel; Brzetislaw verboth dieses bey Strafe der Landesverweisung.

Auch über die Erbfolge machte Brzetislaw ein Gesetz, auf das sie sehr aufmerksam seyn müssen, wenn sie unsere Geschichte in der Folge recht verstehen wollen. Er führte kurz vor seinem Tode das Seniorat ein. Brzetislaw hatte in allem fünf Söhne. Er verordnete: der älteste Zpitihnew sollte ihm auf den Thron nachfolgen. Der zwente, dritte, und vierte, sollte ein jeder ein Stück von Mähren angewiesen bekommen: so daß Wratislaw zu Olmütz, Konrad zu Brün, und Otto zu Znaym residiren sollte. Der fünfte Jaromir ward zum geistlichen Stand und zum Prager Bisthum bestimmt, und von allem Länderbesitz ausgeschlossen. Wratislaw, Konrad, und Otto aber sollten ihre Landesantheile nicht als unabhängige Herren, sondern unter der Oberherrschaft ihres ältesten Bruders Zpitihnew besitzen. Stürbe einst dieser; so sollte ihm, nicht sein erstgeborner Sohn, sondern derjenige aus den Prinzen des Przemislischen Hauses nachfolgen, der an Jahren der älteste wäre. Und so sollte in der Zukunft immer derjenige vom Herzoglichen Hause der

an

an Jahren älter ist, er mag Sohn, Bruder oder Vätter des Leztregierenden seyn, den Thron besteigen. Das, bester Karl! nennt man das Seniorat. Wo aber der erstgeborne Sohn des Leztregierenden erbet, das heißt die Primogenitur.

Man könnte fragen warum Brzetislaw lieber das Seniorat, als die Primogenitur eingeführt hat? Weil er befürchtete, daß bey der leztern manchmal ein noch unmündiges Kind zur Regierung kommen würde. Wir werden aber in der Folge sehen, daß auch das Seniorat die Quelle manches Uebels für unser Vaterland war.

Nach einer ruhmvollen Regierung von 17 Jahren starb Brzetislaw im Jahre 1055.

XIX.

Zpitihnews II. Regierung.

Brzetislaws Nachfolger Zpitihnew erfuhr die Unannehmlichkeit, daß seine nächsten Angehörigen die Ruhe seiner Regierung störten. Sein Bruder Wratislaw, nicht zufrieden mit dem ihm vom Vater angewiesenen Ollmützer

Gebieth, strebte nach dem Besitze des herzoglichen Throns. Zum Unglück fand er einen starken Anhang. Seine Brüder Konrad von Brünn, und Otto von Znaym, und alle Baronen Mährens — das Wort Baronen wird öfters vorkommen, es deutete in jenen Zeiten die vornehmsten Herren in Böhmen und Mähren an; denn Grafen gab es in diesen Ländern damals keine — alle Baronen Mährens hielten es mit ihm. Ja! selbst seine und Zpitihnews Mutter die verwittwete Herzoginn Judith unterstützte ihn, weil sie ihn mehr geliebt hat, als Zpitihnewn. Daß diese Frau eine Deutsche war, das hat mein Karl wohl nicht schon vergessen. Sie hatte auch viele Deutsche nach Böhmen, und insbesondere nach Prag gezogen, denen Brzetislaw seiner Gemahlinn zu Liebe viele Begünstigungen ertheilet hat. Diese ziemlich zahlreichen Deutschen sahen die Herzoginn als die Urheberinn ihres Glückes an; und hielten es also aus Dankbarkeit gegen Sie auch mit Wratislawn ihrem Lieblinge. Dem völligen Ausbruche einer Empörung vorzukommen, war also Zpitihnew gezwungen, alle Deutsche, selbst seine Mutter nicht ausgenommen, aus Böhmen zu verweisen. Nun wollte er auch die

Ver=

Verschwornen in Mähren züchtigen. Wratislaw floh vor seinem Zorn nach Hungarn. Zpitihnew zog nun sein Gebieth ein, und beraubte auch Konraden, und Otten des ihrigen; doch gab er es, auf die Vorbitte einiger Grossen, den beyden Letztern wieder zurück. Wirklich ein Fürst ist zu beklagen, wenn er durch die Sorge für die öffentliche Ruhe gezwungen wird, Brüder, und eine Mutter so hart zu behandeln.

Ich habe ihnen sonst erzählt, lieber Karl! daß die Benediktiner an ihren Klöstern Schulen hatten. So ein Kloster war nun auch zu Sazawa. Der Abt desselben Nahmens Prokop brachte seine Geistliche dahin, daß sie, da man sonst nur Lateinische Bücher las, auch Böhmische oder Slawische lasen. So lange Prokop — das ist eben der Heilige Prokop von dem man so viel lächerliche Fabeln erzählt, als, daß er die Teufel vor den Pflug gespannt, und mit ihnen den Felsen geackert habe — so lange Prokop lebte, ging alles gut. Seine Mönche studirten ungestört, schrieben viel Slawische Bücher ab, das Abschreiben galt damal fürs Drucken, und verbreiteten dadurch die Liebe zum Lesen. Aber nach seinem Tode stunden einige unwissende Geistliche

liche wider die guten Mönche auf, und verklagten sie als Leute, die durch ihre Bücher böse Lehren unter das Volk brächten. Und der Beweis dieser Klage war kein anderer: als daß diese Bücher nicht Lateinisch waren. Denn in allen andern Klöstern las und schrieb man nichts als Lateinisch. Die von einem so ungereimten Beweis unterstützte Klage, fand dennoch bey Herzog Zpitihnew Glauben. Er vertrieb die armen unschuldigen Mönche zu Sazawa aus ihrem Kloster als Ketzer; und um ja recht sicher zu seyn, daß das abscheuliche Verbrechen: Slawisch zu lesen, und zu schreiben, nicht mehr begangen werde; ließ er Benediktiner aus Deutschland kommen, die kein Slawisches Wort verstunden, und besetzte mit ihnen das Kloster.

  Zpitihnew regierte nur sechs Jahre; und hinterließ keine Kinder, man zweifelt so gar, ob er verheurathet war.

XX.

XX.

Herzog Wratislaws II. Regierungsantritt. Etwas von seinem Bruder Jaromir.

Wratislaw war nach Zpitihnews Tod der unstreitige Erbe Böhmens. Er kam auf die erste Nachricht aus Hungarn zurück um diese Erbschaft anzutretten. Er erinnerte sich vor allem derjenigen, die einst wegen ihrer Anhänglichkeit an ihn gelitten hatten. Das waren seine Brüder, denen Zpitihnew ihre Besitzungen in Mähren genommen, und die Deutschen, die dieser Fürst aus Prag vertrieben hatte. Wratislaw berief die Letztern nicht nur zurück; und wies ihnen zu Prag eine Vorstadt an, die sie allein bewohnen sollten: sondern er gab ihnen auch eigene Seelsorger, die für sie Deutsch predigen; und erlaubte ihnen eigene Obrigkeiten aus ihrem Mittel zu wählen, die ihnen nach Deutschen Gesetzen und Gewohnheiten Recht sprechen sollen. Merken sie hier, lieber Karl! daß also der Gebrauch der Deutschen Sprache in unserm Böhmen

men schon sehr alt ist. Denn unsere Landsleute haben von diesen Ausländern gewiß nach und nach diese Sprache gelernet, deren Gebrauch auch bey Hof überhand nahm, weil er unsern Herzogen, wegen der Verbindung mit den Deutschen Kaisern unentbehrlich war. Ich kann nicht sagen, ob auch Wratislaws Mutter Judith nach Böhmen zurückgekommen sey? vielleicht ist sie mittlerweile in Deutschland gestorben. Aber seinen Brüdern Konrad und Otto brachte er ihren erlittenen Verlust dadurch ein, daß da ein jeder von ihnen zuvor nur ein Drittheil von Mähren besessen hatte; er nun das ganze Land ihnen überließ, so daß ein jeder von ihnen die Hälfte davon erhalten hat.

Diese Großmuth zeigte von Wratislaws Dankbarkeit: das was ich itzt erzählen werde, war bloß eine Wirkung seiner Gerechtigkeit. Wratislaw hatte sich überzeugt, daß den Benediktinern zu Sazawa durch die Vertreibung aus ihrem Kloster Unrecht geschehen war: er rief sie also mit ihrem Abte Vitus wieder in ihr Kloster zurück. Diese Geistlichen hielten dann den Gottesdienst in der Slawischen Sprache, was sonst überall im ganzen Lande in der Lateinischen geschah.

We=

Weniger gerecht war dem Anschein nach Wratislaw gegen seinen jüngsten Bruder Jaromir. Denn da im J. 1067 Bischof Severus gestorben war, wollte er ihn den Bischöflichen Sitz nicht besteigen lassen; ungeachtet derselbe von dem Vater Herzog Brzetislaw dazu bestimmt war, und eben darum kein Stück Landes zu seinem Antheil bekommen hatte. Er wollte vielmehr die Bischöfliche Würde, zu welcher ihm Jaromir viel zu leichtsinnig schien, seinem Kapellan Lanczo, einem frommen und gelehrten Mann, zuschanzen. Aber beyde Brüder des Herzogs: Konrad und Otto, drangen auf die Vollziehung des väterlichen Willens, und das ganze Volk unterstützte sie; so daß Wratislaw nachgeben muste. Jaromir ward also zu Maynz zum Bischof geweihet, und bekam bey dieser Gelegenheit den Nahmen: Gebhard. Er stieß an eben dem Tage einen seiner Reisegefährten aus Muthwillen in den Fluß Mayn, indem er sagte: als Bischof taufe ich dich zum zweytenmal. Auch die Galle, daß durch das neue Ollmützer Bisthum das Prager geschmälert worden, ließ er an dem dortigen Bischof Johann einem ehrwürdigen Greisen durch niedrige Mißhandlungen aus. Er zog ihn bey
dem

dem Barte auf den Boden, und ließ ihn sogar durch seine Leute schlagen. Dergleichen Streiche rechtfertigten Wratislaws schlechte Meinung von ihm. Sonst lebten die beyden Brüder im ewigen Hader mit einander. Ganz natürlich: Jaromir hat es nicht vergessen können, daß ihn Wratislaw vom Bisthum hatte ausschließen wollen. Indeß hatte Jaromir doch eine gute Seite: er war sehr wohlthätig gegen die Armen. Anstatt prächtige Gastmäler zu geben, speisete er täglich an seiner bischöflichen Tafel vierzig Arme, und kleidete sie des Jahrs zweymal.

XXI.

Ursprung der Unruhen in Deutschland unter Kaiser Heinrich dem IV.

Heute, lieber Karl! müssen wir einen kleinen Ausflug nach Deutschland machen; wenn wir in der Geschichte Wratislaws nicht stecken bleiben wollen.

Der große Kaiser Heinrich III. hatte das kaiserliche Ansehen sowohl über die Deutschen Fürsten, als auch über einige fremde Kö=

Könige, ja selbst über den Römischen Pabst mit Nachdruck zu behaupten gewußt. Er starb, und hinterließ einen minderjährigen Nachfolger seinen Sohn Heinrich IV.; das war nun für Alle, die der Vater kurz gehalten hatte, die erwünschteste Gelegenheit, das Haupt wieder empor zu heben. Deutschlands Fürsten strebten nach Unabhängigkeit, und dem Pabste zu Rom fing so gar an von Oberherrschaft über den Kaiser selbst zu träumen. Ein noch grösseres Unglück für den jungen Heinrich war es, daß er eine sehr schlechte Erziehung bekam. Er war nur 5 Jahr alt, als sein großer Vater starb. Nun hatte er zwar eine vortrefliche Mutter, die Kaiserinn Agnes. Aber, guter Karl! niemand ist fähiger als sie des kleinen Heinrichs Unglück ganz nachzufühlen. Wenn man sie nun mit Gewalt aus den Händen der besten Mutter risse? und das that man mit Heinrichen. Nun besorgte seine Erziehung Erzbischof Hanno von Köln, ein Mann, der wohl auch ihr Mann nicht gewesen seyn würde, weil er das ganze Jahr nicht lachte. Und da er noch obendrein den Grundsatz hatte: man müste den Kaiser als Kind sehr strenge halten, damit er als Mann und regierender Herr nachgiebiger und geschmeidiger gegen die Fürsten würde, als sein Vater; so war der Strafen, und selbst der Mißhandlungen kein Ende. Die Wirkung davon war: daß Heinrich den Hanno und mit ihm die übrigen Fürsten schon itzt zu hassen anfing. Erzbischof Adelbert von Bremen bekam darauf den kleinen Kaiser durch List in seine Hände. Er war ganz das Gegentheil vom Hanno: ließ seinem Zögling alle Freyheit, und was das ärgste war, so wachte er zu wenig über seinen Umgang. Heinrich war mit lustigen, aber sittenlosen Gespielen umgeben, die, als er die Regierung antrat, seine Vertrauten blieben. Durch ihren Rath und seinen alten Haß irre geführt, drückte er die Fürsten, von welchen besonders die Sächsischen sich wider ihn empörten. Zu gleicher Zeit stund der Pabst zu Rom wider ihn auf. Dieser war Gregor VII., der sich vorgenommen hatte, nicht nur die geistliche sondern auch die weltliche Herrschaft allenthalben zu behaupten. Die Kaiser hatten bisher alle Bisthümer vergeben, und die Bischöfe auch investirt, das ist: durch die Ueberreichung eines Bischofstabs, und eines Rings sie gleichsam öffentlich zu Besitzern der bischöflichen Güter erkläret. Nun behauptete Gregor: Heinrich

rich hätte viele Unwürdige zu Bischöfen gemacht — und, da er mit schlechten Rathgebern umgeben war, so kann das wohl geschehen seyn — er verboth also die Investituren. Da sich Heinrich diese nicht nehmen lassen wollte, exkommunizirte er ihn, das ist: er erklärte ihn für ein von der Kirche getrenntes Glied. Heinrich versammelte einige Bischöfe, und entsetzte Gregorn des Pabstthums; so wie sein Vater auch drey Päbste abgesetzt hatte. Aber Gregor verließ sich auf den Aufruhr der Sachsen und anderer Fürsten; und entsetzte Heinrichen des Kaiserthums. Dadurch war also der erwähnte Aufruhr gleichsam geheiligt. Die Sachsen glaubten nun für die Sache Gottes, dessen Statthalter der Pabst wäre, zu streiten. Indeß blieben doch auch verschiedene Fürsten dem Kaiser getreu. Da Böhmens Herzoge Bundesgenossen des Deutschen Reichs waren, und sogar die Kaiser mit wählten; so pflegten sie auch an den innern Kriegen in Deutschland Theil zu nehmen. Unser Wratislaw blieb also itzt auch nicht müssig; sondern stund Kaiser Heinrichen wider seine Feinde bey. Mit welchem Erfolge? werden wir ehestens sehen.

XXII.

XXII.
Wratislaw steht Heinrichen bey.

Machen sie sich, mein kleiner Freund! auf kriegerische Auftritte gefaßt. So was läßt sich gut lesen; wenn nur die Menschheit nicht so viel dabey litte. So wie die Sachsen im J. 1075 die Waffen wider den Kaiser ergriffen hatten, eilte ihm unser Wratislaw mit seinen tapfern Böhmen zu Hülfe. Am Flusse Unstruth, er durchströmt Thüringen, kam es zu einer Schlacht; der Kaiser erfocht einen vollkommenen Sieg, den er guten Theils Wratislawn zu danken hatte. Er überließ ihm dafür die Mark Meißen; das ist: ein Stück von dem Lande, das wir itzt Sachsen nennen, wo die Städte: Dresden und Meissen liegen, und die heutige Oberlausitz. Aber Wratislaw konnte bey dem abermaligen Anwuchs der Sächsischen Parthey dieses Geschenke des Kaisers itzt nicht behaupten. Landgraf Eckbert von Thüringen bemächtigte sich desselben. Mittlerweile hatte es Pabst Gregor durch seine Aufhetzungen dahin gebracht: daß

ein

ein Theil der Deutschen Fürsten Heinrichen allen Gehorsam aufgesazt, und einen Gegenkaiser wider ihn gewählt haben. Dieser war Rudolf Herzog von Schwaben; und so war ganz Deutschland einander in den Haaren. Die Böhmen stritten für den rechtmäßigen Kaiser. Rudolf war indeß auch ein tapferer Krieger. Heinrich konnte ihn in einigen Schlachten nicht besiegen: obschon die Böhmen dessen Land Schwaben ganz verheerten. Endlich verlor dieser Gegenkaiser doch sein Leben auf dem Kampfplatze. Wie eifrig Wratislaw wider ihn gefochten habe, kann man auch daraus schließen: daß er in einer Schlacht dessen Speer mit eigener Hand erbeutet hat, den er sich auch bey grossen Feyerlichkeiten hernach immer vortragen ließ.

Dieser Eifer für den rechtmäßigen Kaiser muß unserm Wratislaw um so mehr Ehre machen; weil man damals fast durchgängig glaubte: der Pabst habe die Gewalt von Gott, mit Kronen nach Belieben zu schalten. Aber Wratislaw, so fromm er sonst war, dachte hierin viel heller. Er schrieb so gar Gregor dem VII. er werde die Parthey Heinrichs, der Pabst möchte thun, was er wollte, niemals verlassen. Der darüber aufge-
brach-

brachte Gregor, gab ihm darauf eine sehr bittere Antwort; denn er sagte gleich im Eingange: daß er anstehe, Wratislawn den gewöhnlichen Gruß und Apostolischen Segen zu ertheilen. Sie müssen wissen, lieber Karl! daß die Briefe der Päbste sonst immer mit der Formel anfangen: **Unsern Gruß und Apostolischen Segen voraus.**

Aber unbekümmert um Segen und Gruß, wollte Wratislaw ein ehrlicher Mann bleiben, der seine Freunde nie verläßt. Da Heinrich um den feindseligen Pabst zu demüthigen nach Italien zog, unterstützte ihn unser Herzog mit Geld, und verstärkte sein Heer mit 300 Böhmen; die auch unter des Prinzen Borziwog Anführung zur Eroberung der Stadt Rom im Jahre 1083 viel beygetragen haben. Auch da der Kaiser aus Deutschland abwesend war, verfocht Wratislaw seine Sache wider diejenigen Deutschen Fürsten, die, durch den Aberglauben irre geführt, es mit dem Pabst hielten. Unter denselben war Markgraf Leopold von Oesterreich, den unser Wratislaw im Jahre 1082 bey Meilberg geschlagen hat.

XXIII.

XXIII.

Wratislaw wird König. Seine häuslichen Unfälle, und Tod.

Aus allem dem, was sie bisher, mein guter Karl! gehört haben, müssen sie einsehen, daß Kaiser Heinrich IV. unserm Wratislaw Dank schuldig war. Ganz natürlich werden sie also auf die Frage verfallen: wie er sich dessen entledigt habe? Er ertheilte ihm im Jahre 1085 auf dem Reichstage zu Maynz — sie wissen doch mein Bester! daß durch das Wort Reichstag eine Zusammenkunft der Fürsten und Stände des Reichs angedeutet wird — die königliche Würde. Denn bisher hatten die Beherrscher unseres Vaterlandes nur immer den Titel der Herzoge geführet. Der Kaiser legte Wratislawn die Benennung eines Königs von Böhmen und Polen bey. Das Letzte war, sagt ein Polnischer Scribent, lächerlich. Wirklich besaß Wratislaw von dem großen Lande Polen nur ein Paar Städte des heutigen damals unter Polen mitbegriffenen Schlesiens. Doch that er, indem er er sich einen König von Polen nennen ließ, eben nichts, was unter Fürsten ungewöhnlich wäre. Fast alle führen Titel von Ländern, in denen ihnen kein Sandkörnchen gehört. Das Jahr darauf 1086 ließ sich der neue König mit vieler Pracht krönen. Um sich gegen den Kaiser dankbar zu bezeigen, unternahm er bald darauf einen neuen Zug gegen die Heinrichen durch die Aufhetzungen des Pabstes noch immer aufsäßigen Sachsen; eroberte bey dieser Gelegenheit die Oberlausitz; die er aber, da er seine Tochter Judith an den Grafen Wipert von Groitz verheurathete, derselben als Heurathsgut, oder wie man sonst zu reden pflegt, als Mitgift, mitgab.

Zu Hause wuste der gute Wratislaw weniger vom Glück. Seine Neffen, Swatopluck und Ottik, rissen nach ihres Vaters Otto Tode seinen Antheil von Mähren an sich, ohne ihren Oheim und Oberherrn zu begrüssen. Und Wratislaws übriger Bruder Konrad unterstützte die Widerspenstigen. Wratislaw war gezwungen ihn in seiner Residenz Brünn zu belagern. Zum Glück hatte Konrad eine sehr weise Gemahlinn Nahmens: Wallburg. Diese besänftigte König Wratislawn, und brachte es dahin, daß er Konraden

den nicht nur verzieh; sondern demselben auch, als dem ältesten Prinzen vom Hause, die Nachfolge in Böhmen selbst versicherte. Aber nicht nur Bruder und Neffen störten die häusliche Glückseligkeit Wratislaws. Sein ältester Sohn Brzetislaw machte es nicht besser. Er nahm die Spottrede eines gewißen Zderad so übel, daß er denselben ermorden ließ. Nun war Zderad ein Liebling des Königs. Sich wider dessen Zorn sicher zu setzen, vergaß er aller Kindespflichten. Einige Niederträchtige, die den guten König anfeindeten, bothen dem ungehorsamen Sohn Beystand an; und nun trat dieser an der Spitze der Rebellen wider seinen königlichen Vater auf. Muste aber, da er ihm nicht gewachsen war, nach Hungarn entfliehen.

Wratislaw, Böhmens erster König, starb 1092, und ward in der Kirche auf dem Wissehrad begraben; die er mit vieler Pracht hatte erbauen lassen. Und an der er, seinem Bruder dem Bischof Jaromir zu Trotz, einen geinfelten Probst mit einer Anzahl Domherren reichlich gestiftet hat.

XXIV.

XXIV.

Die Herzoge: Konrad, Brzetislaw II.

Die Wratislawn vom Kaiser ertheilte Königswürde war nur persönlich. Das ist: der Kaiser hatte nur ihn allein zum König, nicht aber alle und jede Beherrscher Böhmens zu Königen gemacht. Diese Würde erlosch also mit seinem Tod auch wieder; und sein Bruder Konrad folgte ihm auf Böhmens Thron nur unter der Benennung eines Herzogs. Während seiner kurzen Regierung — denn er starb nach sieben Monaten — geschah nichts von Belang; als daß er Mähren unter seine beyden Söhne: Ulrich, und Luitold, so wie unter seine zwey Neffen aus Otto: Swatopluk, und Ottik, getheilet hat.

Auf die erste Nachricht von Konrads Tod eilte aus Hungarn herbey seines Vorfahrs ältester Sohn Brzetislaw, und bestieg als ältester Prinz des Hauses den herzoglichen Thron. Dieser Brzetislaw II. war ein löblicher Fürst. Er zwang die Polen mit den Waffen den Tribut zu entrichten, den ihnen

nen einst sein siegreicher Großvater Brzetislaw I. auferlegt hatte. Er vertrieb aus Böhmen alle Wahrsager, und Zauberer; das ist: alle die Betrüger, welche den einfältigen Leuten weiß machten, daß sie wahrsagen und zaubern könnten, und sie dadurch ums Geld prellten. Seine Unterthanen liebten diesen Herzog; aber einige seiner Anverwandten machten ihm Kummer. Er war gezwungen die beyden Söhne seines Vorfahrs, Ulrich, und Luitold, weil sie unruhig waren, ihres Antheils von Mähren zu berauben, und den ersten muste er so gar auf die Festung Glatz gefangen setzen. Das von beyden besessene Land erhielt des Herzogs Bruder Borziwog, den er auch zu seinem Nachfolger erklärte. Vermuthlich wollte er Ulrichen, der als der Aelteste vom Hause ihm sonst nachgefolgt wäre, für seine Widersetzlichkeit durch die Ausschliessung vom Throne strafen.

Diesen guten Fürsten verlor Böhmen viel zu früh, und auf eine schreckliche Art. Ein Bösewicht, Nahmens: Lorck, ermordete ihn auf der Jagd. Es ist bemerkenswerth, daß er es denjenigen, die ihn auf die Jagd begleiteten, vorgesagt hat, daß man ihm nach dem Leben strebe. Als man seine Todten-
feyer

feyer hielt; zerfloß bey dem Anblick seiner Leiche das ganze Volk in Thränen.

Unter seiner Regierung zogen die Kreuzfahrer durch Böhmen nach Palästina: um dieses Land den Sarazenen abzunehmen. Es fiel ihnen ein, die Juden, wo sie immer durchzogen, mit Gewalt zu taufen. Böhmen hatte damal einen Bischof Nahmens Kosmas, der wohl ein frommer, aber eben kein kluger Mann war. Er behauptete: da die Juden einmal getauft wären; so müsten sie nun Christen bleiben. Das wollten nun die Juden nicht; und erklärten sich: sie würden viel lieber aus dem Laude ziehen. Herzog Brzetislaw war in Mähren abwesend, als die Kreuzfahrer ihren Unfug getrieben haben, und hatte ihn also nicht hindern können. Auch war es in jenen Zeiten nicht rathsam dem Bischof zu widersprechen. Aber er wollte nicht, daß die abziehenden Juden das Geld mit fortschleppten. Kaiser Titus, als er Jerusalem erobert hat, hätte die Juden als Sklaven verkauft, sagte er; als solche, und folglich arm, wären sie in alle Länder, also auch nach Böhmen gekommen. Was sie daher itzt besäßen, hätten sie hier erworben; und er würde es nicht leiden, daß sie etwas davon mit

sich

sich fortnehmen. Das war für den Pöbel
genug. Er fiel über die Juden her, und plün=
derte sie rein aus.

Diese Nachsicht gegen den Unfug des
Pöbels, und sein ehemaliges Betragen gegen
den König Wratislaw seinen Vater sind Fle=
cken in dem Karakter dieses Herzogs, der sei=
nem Böhmen, da er es nur sieben Jahre be=
glückt hatte, im Jahre 1100, entrissen wor=
den ist.

XXV.
Borziwog II. Swatopluk verdrängt ihn.

Brzetislaws Bruder und Nachfolger Borzi=
wog II. hatte eine sehr unruhige Regierung.
Ulrich machte, weil er der älteste Prinz vom
Hause war, Ansprüche auf das Herzogthum;
und kam mit einem in Deutschland geworbe=
nen Heere nach Böhmen, um sich dessen zu
bemächtigen. Da die Inwohner Borziwogen
getreu blieben, richtete Ulrich nichts aus. Es
macht dem Herzen Borziwogs recht viele Eh=
re, daß er sich deßwegen an Ulrichen nicht
räch=

rächte; sondern ihm vielmehr den eher beseſſenen Antheil von Mähren gönnte. Ein jeder anderer Fürſt würde ihm als einem Empörer das Land entzogen haben.

Dieſe Großmuth ſcheint auf ſeinen Vätter Swatopluk, der einen andern Theil Mährens beſaß, keinen Eindruck gemacht zu haben; denn er ſtund auch wider Brziwogen auf, und wollte ihn vom Throne ſtoſſen. Anfangs zwar richtete er nichts aus, und muſte ſich mit Verluſt nach Mähren zurück ziehen. Aber er hatte doch den Samen des Aufruhrs in Böhmen ſelbſt ausgeſtreut, und viele Anhänger durch Geld gewonnen. Borziwog konnte ihm alſo nicht nach Mähren folgen, um ihn dort gänzlich zu beſiegen; und Swatopluk hatte Zeit, ein neues Heer aufzubringen. Mit dieſem fiel er zum zweytenmal in Böhmen ein; eben da wider Borziwogen eine Verſchwörung ausgebrochen war. Unter den Verſchwornen waren Boſey, und Mutina von Wrſſowecz; aber auch, was unbegreiflich zu ſeyn ſcheint, ſelbſt des Herzogs Bruder Wladiſlaw nahm Antheil daran. In dieſer Lage war Borziwog ganz auſſer Stande, Swatopluken mit Nachdruck zu widerſtehen.

Er

Er muste fliehen, und seinem aufrührischen Vätter den Thron überlassen.

Damals saß auf dem Deutschen Kaiserthrone Heinrich V. Ein Bösewicht der ihn als Rebell wider seinen eigenen Vater bestiegen hatte. Borziwog wuste wohl, daß man auf Edelmuth oder Mitleid bey so einem Mann nicht rechnen dürfe; er erkaufte also seinen Beystand mit Geld. Der Kaiser foderte Swatopluken vor sich, setzte ihn gefangen, und befahl den Böhmischen Großen, die mit ihm gekommen waren, mit Borziwogen nach Böhmen zurückzukehren, und ihn wieder als ihren Herzog einzusetzen. Sie gehorchten. Aber da sie in der Gegend von Dohna — dieses itzt in Meissen liegende Schloß gehörte damals zu Böhmen — angekommen waren; wurden sie von dem ihnen auflauernden Bruder Swatopluks Ottik — er heißt auch Otto der Schwarze — angefallen, und zerstreuet. Borziwog entkam mit genauer Noth nach Polen. Indeß both Swatopluk dem Kaiser mehr Geld, als derselbe von Borziwogen bekommen, oder auch nur hatte hoffen können: und weil er die ganze Summe sogleich zu bezahlen nicht im Stande war; so blieb sein Bruder Otto anstatt seiner im fängnisse. Und itzt sah also der niederträchtige Kaiser Heinrich V. die Sache Swatopluks als die gerechteste an. Er entließ Swatopluken, und erkannte ihn aufs neue für den rechtmäßigen Herzog von Böhmen. Ob es dieser Kaiser nicht so ganz verdienet, wenn ein alter Böhmischer Geschichtschreiber in dem rauhen Tone jener Zeiten von ihm sagt: er wäre geizig wie die Hölle gewesen; und es hätte ihn das Geld, so wie einen Kettenhund die Kette, bald da, bald dorthin gezogen. So unartig diese Ausdrücke auch scheinen; so liegt doch Wahrheit dabey zum Grunde.

XXVI.
Herzog Swatopluks Grausamkeit, und Ermordung.

Auf eine so schändliche Weise war Swatopluk Herzog geworden. Nicht so aus Dankbarkeit gegen den Kaiser, als weil ihm derselbe das, was er von dem versprochenen Gelde noch zu zahlen hatte, nachgelassen hat, zog er mit ihm wider den Hungarischen König Koloman

loman zu Felde, und verkaufte also das Blut seiner Unterthanen eigentlich fürs Geld. Während dieses Zuges nach Hungarn brach der verdrungene Borziwog mit einiger Mannschaft, die er in Polen erhalten hatte, in Böhmen ein, ohne daß er es hätte erobern können. Swatopluk hatte während seiner Abwesenheit das Land zwey Statthaltern anvertraut. Einer Nahmens, Mutina, war aus dem Hause der Wrssoweeze, der zweyte, Waczek, war von geringem Herkommen aus Mähren. Der letztere beschuldigte nun den erstern, daß er es mit Borziwogen gehalten. Der darüber aufgebrachte Swatopluk ließ deßwegen die beyden unschuldigen Söhne Mutina's, und dann den Vater selbst hinrichten. Und darauf munterte er durch verheissene Belohnungen jedermann auf: alle Wrssoweeze, und alle Freunde derselben zu ermorden. Dadurch entstund nun ein Blutbad, in dem bey 3000 Menschen ihr Leben verloren haben. Mit dieser unmenschlichen Grausamkeit verband der Bösewicht Swatopluk Heucheley. Er hielt eine Rede an die Seinigen und sagte darin: er müßte die Wrssoweeze strafen, nicht nur weil sie immer Verräther gegen des regierende Haus gewesen sind; sondern auch weil sie ihn selbst verleitet hätten, den guten Herzog Borziwog zu verdringen. Durch diese Worte wollte er andern Leuten weiß machen, als wenn er das bereuete, was er wider Borziwogen gethan hat. Aber es waren gewiß nur leere Worte. Denn wenn er wahre Reue gefühlt hätte; so hätte er ja den vertriebenen Borziwog zurück rufen, und das Herzogthum, das er ihm geraubt hatte, demselben wieder zurückstellen können. Er that das so wenig, daß er den guten Borziwog selbst von der Nachfolge nach seinem Tode ausgeschlossen hat. Er verordnete nähmlich: daß einst nach ihm ein jüngerer Sohn König Wratislaws, und Borziwogs Bruder Nahmens: Wladislaw den herzoglichen Thron besteigen sollte. Er verlangte auch von den Großen des Landes, daß sie sich verbinden sollten, nach seinem Tode keinen andern Herzog zu erkennen, als Wladislawn. Wer hätte sich unterstanden einem Fürsten zu widersprechen, der gleich Alles ermorden ließ, was nur Mine machte, nicht zu gehorchen? Die Wladislawn zugesicherte Thronfolge aber, war eine Belohnung, daß er sich zu Swatopluks Vortheil in die Verschwörung wider seinen Bruder Borziwog mit eingelassen hatte. Doch in der Folge

wer-

werden wir sehen, daß Wladislaw kein verstockter Bösewicht war.

Indeß bekriegte Heinrich V. die Polen; Swatopluk stieß mit seinen Soldaten zu ihm, und man belagerte im Jahre 1109 Glogau im heutigen Schlesien. Swatopluk ging einstens Abends aus dem Zelte des Kaisers in das seinige zurück; als ihn ein Unbekannter anfiel, und ermordete. Ein gewißer Jessek Tista von Wrssowecz, Einer der Wenigen die sich aus dem oben erwähnten Blutbade nach Polen geflüchtet hätten, soll den Meuchelmörder erkauft haben. Aber auch der unter andern Deutschen Fürsten im kaiserlichen Lager anwesende Graf Wipert von Gröitz, Borzlwogs Schwager und Freund, war nicht ohne Antheil an der, auch an dem grausamen Swatopluk, immer sträflich ausgeübten Rache.

XXVII.

XXVII.

Wladislaw I. wird Herzog. Händel mit seinem Bruder Sobieslaw.

Der Liebling des ermordeten Swatopluk Waczek wünschte die herzogliche Würde dem Bruder desselben Otto, sonst Ottik genannt, zuzuschanzen. Er machte dem Kaiser weiß, daß die Böhmischen Krieger im Lager vor Glogau Otten zum Herzog wünschten; und Heinrich V. ernannte ihn ohne weiters dazu. Aber die Böhmischen Großen wollten ihn durchaus nicht annehmen; sondern sie hielten sich an Wladislawn den fünften Sohn König Wratislaws, den sie schon bey Swatopluks Lebzeiten als dessen Nachfolger erkannt haben. Indessen lebte auch bey dem verdrungenen Borziwog die Hofnung auf das Herzogthum wieder an sich zu bringen. Wipert von Groiz sein Schwager und Freund war ihm auf eine doppelte Art dazu behülflich. Er ließ Borziwogen in der Oberlausitz — daß sie Wipert besessen hat, wissen sie schon, lieber Karl! — einige Soldaten anwerben;
und

und da der Kaiser von der Glogauer Belagerung zurück ging; gestattete er ihm den sichern Durchzug durch sein Land nur unter der Bedingung, daß er einwilligte, daß sich Borziwog Böhmens bemächtige. Der Kaiser fand keinen Anstand, ungeachtet er auf diese Art wider sein Wort handelte; denn er hatte ja eher Otten zum Herzog ernannt. Borziwog brach also mit den in der Lausitz geworbenen Kriegern in Böhmen ein, besetzte während der Abwesenheit Wladislaws die Hauptstadt Prag. Heinrich V. war mittlerweile zu Regensburg angekommen; Wladislaw verfügte sich von Pilsen zu ihm, und überzeugte ihn, daß er ein besseres Recht auf Böhmen habe als Borziwog und Otto durch — 500 Mark Silber. Nun ging der feile Kaiser mit einem Heere nach Böhmen; und lud sowohl Wladislawn als Borziwogn — Otto maßte sich des Herzogthums gar nicht an, sondern blieb ruhig in Mähren — vor sich nach Rokyczan, wo er mit dem Heere stund. Die beyden Brüder erschienen. Heinrich that den Ausspruch für Wladislawn; führte Borziwogen gefangen mit sich fort, und ließ ihn weit von Böhmen auf dem Schlosse Hammermerstein am Rhein verwahren. So war Wladislaw I. im Besitze des Herzogthums.

Aber die Mißhandlung Borziwogs rührte seinen Bruder Sobieslaw den jüngsten Sohn König Wratislaws. Ihn zu rächen fiel er mit einem Polnischen Heer in Böhmen ein. Wladislaw zog ihm entgegen, ward aber geschlagen. Nun trat Wratislaws Wittwe die Königinn Swatawa ins Mittel, und brachte zwischen ihren Söhnen einen Frieden zu wegen. Sobieslaw opferte die Sache des armen Borziwog, und Wladislaw, räumte ihm dafür die Stadt Saaz ein. Aber bald entzweyten sie sich wieder. Waczek der ehemalige Liebling Swatopluks, hatte sich auch bey Wladislawn eingeschmeichelt, und machte mit ihm, was er wollte. So wie das den ganzen Adel, der Waczeken als einen Glücksmann — so nennt man die Leute, die nicht von vornehmer Geburt sind, sondern durch persönliche Verdienste, oft aber auch bloß durch Zufall empor kommen — haßte, verdroß; so war auch Sobieslaw darüber aufgebracht. Er ließ Waczeken ermorden; muste aber, um dem Zorn seines Bruders des Herzogs auszuweichen, nach Pohlen entfliehen. Von da kehrte er mit einem Heere zurück, und es kam

zwi-

zwischen den zwey Brüdern abermals zum Krieg. Wladislaw besänftigte aber Sobieslawn dadurch, daß er ihm erst Königingrätz, dann jenen Theil Mährens, den einst die Brüder, Ulrich und Luitold, besessen, anwies; das Uebrige von Mähren besaß noch immer Otto der Schwarze oder Ottik des ermordeten Swatopluk Bruder. Beyde: Sobieslaw und Otto stunden Herzog Wladislawn als ihrem Oberherrn treulich bey, als er von dem Hungarschen König Stephan angegriffen ward, den böse Rathgeber zum Bruch verleitet haben. Es ward aber bald wieder Friede.

XXVIII.

Borziwog II. erhält und verliert das Herzogthum wieder. Wladislaws I. und Sobieslaws I. Regierung.

Es sollte mich wundern, lieber Karl! wenn ihr gutes menschenfreundliches Herzchen nicht schon die Frage aufgeworfen hätte: was ist denn mit dem armen gefangenen Borziwog weiter geschehen? Er ward endlich aus seinem

nem Gefängnisse zu Hammerstein entlassen, aber ohne weitere Unterstützung von der Seite des Kaisers; und da er es nicht wagen durfte nach Böhmen zurück zu kommen; so irrte dieser Sprößling eines großen Fürstenhauses in fremden Ländern herum, und muste, weil er nichts zu leben hatte, gute Leute um Almosen ansprechen. Dieses sein Schicksal ward endlich in Böhmen bekannt: Herzog Wladislaw ward dadurch gerühret, und berief ihn nicht nur nach Prag; sondern nach einer öffentlichen Unterredung vor den versammelten Landesständen, gab er ihm auch freywillig und feyerlich die herzogliche Würde zurück. Der dankbare Borziwog zwang dagegen seinen Bruder einen Theil des Landes für sich zu behalten. Nur war Borziwogs Glückseligkeit von kurzer Dauer. Im J. 1117 hatte er den herzoglichen Thron wieder bestiegen, und im J. 1120 verlor er ihn zum drittenmal. Diejenigen, welche an seiner zweymaligen Vertreibung Schuld waren, haßten ihn noch immer, und ruhten nicht, bis sie ihn auch das drittemal Thron und Land zu räumen gezwungen haben. Er floh nach Hungarn, und starb 1124 im Exil.

Itzt

Itzt war Wladislaw wieder allein Herzog. Er nahm Sobieslawn seinem jüngern Bruder seinen Antheil von Mähren, ohne daß man die wahre Ursache weiß. Kurz vor seinem Tode 1125 ließ er sich die Bitten seiner Mutter bewegen, ihm nicht nur zu verzeihen, sondern ihn auch zu seinem Nachfolger zu ernennen.

Sobieslaw I. ward zwar von der Nazion ohne Widerrede nach Wladislaws Absterben als Herzog erkannt. Aber Otto aus Mähren machte als der Aelteste vom Hause Anspruch auf den Thron. Sein erster Versuch sich mit den Waffen Recht zu verschaffen, schlug so übel aus, daß er darüber seinen Antheil Mährens verlor. Er suchte nun bey dem Deutschen Kaiser Hülfe. Dieser war itzt seit Heinrichs des V. Tod Lothar II., ein sehr tapferer Fürst. Aber unser Herzog Sobieslaw war doch noch tapferer. Denn als Lothar, um Otten mit Gewalt einzusetzen, mit einem starken Kriegsheer in Böhmen einbrach, ging ihm Sobieslaw entgegen, und brachte ihm bey Chlumecz, oder Culm im Leutmeritzer Kreise eine schreckliche Niederlage bey. Unter den Todten war auch Otto, der Herzog werden wollte. Es ist merkwürdig, daß

daß Kaiser Lothar von nun an Sobieslaws Freundschaft suchte, und beynahe nichts mehr ohne dessen Rath unternahm. Im gleichen Ansehen stund unser Herzog bey dem Hungarschen König Bela. Und er leistete beyden wider ihre Feinde mächtigen und glücklichen Beystand. Seine Tapferkeit erfuhren auch die Polen, die er aufs neue zum Tribut gezwungen hat.

Wider dieses löblichen Fürsten Leben haben sich einige Bösewichter verschworen; und selbst einige Prinzen vom Geblüte der Herzoge, die sich mittlerweile sehr vermehrt haben, nahmen Theil an der Verschwörung. Man zog die Verbrecher zur Strafe. Denn Sobieslaw war ein allgemein geliebter Fürst; weil er überall für gute Ordnung und Sicherheit sorgte. Er hat unter andern viele Orte an den Gränzen befestigt, um dadurch feindliche Heere, die es wagen dürften in Böhmen einzubrechen, aufzuhalten. Auch die Hauptstadt Prag verschönerte er durch viele neue Gebäude. Der Nachfolger Lothars auf dem Kaiserthrone, Konrad III. schätzte unsern Sobieslaw ebenfalls sehr. Er starb nach einer 15jährigen Regierung im Jahre 1140.

XXIX.

XXIX.

Wladislaw II. wird Herzog. Dämpfet glücklich einen Aufruhr.

Sobieslaw hatte zwar seinen jungen Sohn Wladislaw von Kaiser Konraden vorhinein mit Böhmen belehnen lassen, und es auch dahin gebracht, daß ihn viele Böhmische Große als Thronfolger erkannt haben; und dennoch kam er nach des Vaters Tod nicht zur Regierung. Eine mächtige Parthey setzte sich dagegen, und sie konnte das Brzetislawische Erbfolgegesetz für sich anführen, dem zu Folge nicht der Erstgeborne des Letztregierenden, sondern der Aelteste vom ganzen Hause den Thron erben sollte. Und dieser war itzt der älteste Sohn des vorletzten Herzogs Wladislaw, der auch Wladislaw hieß. Wirklich ward derselbe Herzog unter dem Nahmen: Wladislaw II.

Das meiste wäre von Kaiser Konraden, der Wladislawn den Sohn Sobieslaws schon eher mit dem Herzogthum belehnt hatte, zu befürchten gewesen. Aber unser Wladislaw,
der

der wohl schon eher auf den Thron Absichten gehabt haben mag, wuste Kaiser Konraden im voraus zu gewinnen; indem er, noch bey Sobieslaws Lebzeiten, Gertruden die Schwester des Kaisers eheligte. Nun gab Konrad, um seinen Schwager auf Böhmens Thron zu sehen, denjenigen, dem er zuvor durch die Belehnung die Erbfolge versichert hatte, gern Preis.

Bald entstund wider den neuen Herzog eine sehr gefährliche Rebellion. Ein gewißer Maczerad war der erste Urheber. Dieser Mann hatte das Erbrecht Wladislaws am eifrigsten verfochten, und glaubte also, aus Dankbarkeit müste sich der Herzog nun ganz von ihm regieren laßen. Weil Wladislaw auch andere Große zu Rath zog; so rächte sich der Niederträchtige, indem er eine Verschwörung anzettelte. Viele Prinzen des herzoglichen Hauses liessen sich zum Anfruhr mit verleiten. Aus diesen nahm Konrad — ein Enkel des ehemaligen Herzogs Konrad aus seinem Sohne Ulrich — der zu Znaym in Mähren seinen Sitz hatte, so gar den Herzoglichen Titel an. Er brachte durch den Vorschub der übrigen Rebellen ein starkes Heer zusammen,

men, und fiel damit in Böhmen ein. Bey Czaslau kam es zur Schlacht. Wladislaw wehrte sich sehr tapfer. Aber, da ein Theil seines Heeres zu den Rebellen überging, muste er fliehen. Er trug seinem Bruder Theobald auf, für die Erhaltung der Hauptstadt Prag, und die Sicherheit seiner dort gelassenen Gemahlinn Gertrud zu sorgen, und eilte selbst nach Deutschland, um seinen Schwager den Kaiser um Hülfe anzusprechen. Konrad III. war um so williger dieselbe zu leisten, weil seine Schwester in Gefahr war. Um Prag, das Konrad mit den Rebellen heftig belagerte, Theobald mit der Bürgerschaft aber herzhaft vertheidigte, zu entsetzen, ging der Kaiser mit Wladislawn an der Spitze eines starken Heeres eilends nach Böhmen. Auf die erste Nachricht davon flohen die Rebellen nach Mähren zurück; wohin ihnen Wladislaw sogleich folgte. Nichts konnte ihm widerstehen. Doch, so wie er aller Orten siegte, so verband er Großmuth gegen die Ueberwundenen mit dem Ruhm des Sieges. Dem Fürsten zu Ollmütz Otto, und dem zu Brünn Wratislaw, gab er, so wie sie um Verzeihung baten, ihre Ländereyen wieder zurück. Konrad zu Znaym war hartnäckiger,

und

und wollte so gar Bischof Heinrichen von Ollmütz, weil er Wladislawn, getreu geblieben war, ermorden lassen. Wladislaw nahm also Znaym mit Gewalt ein. Gab aber seinen Soldaten den strengsten Befehl, den Bürgern nichts zu Leid zu thun. Ja da, Konrad seine Versöhnung suchte, verzieh er ihm ebenfalls, und gab ihm auch sein Gebieth wieder zurück.

XXX.
Wladislaw unternimmt einen Kreuzzug.

Sie haben, lieber Karl! schon mehrmal das Wort Kreuzzug gehört, und vielleicht auch gelesen. Auch in diesen Briefen ist der Ausdruck: Kreuzfahrer, schon vorgekommen. Heute habe ich Gelegenheit ausführlicher davon zu reden. Denn, da ich ihnen sagen muß, daß Wladislaw II. das Kreuz angenommen; so muß ich ihnen doch auch begreiflich machen, was das eigentlich sey?

Palästina nennen wir Christen das heilige Land, weil der göttliche Stifter unserer Re-

Wladislaw unternimmt einen Kreuzzug.

Religion dort gelehet, und gewandelt hat. Man konnte es in jenen Zeiten, in welchen man den Aberglauben oft in die Religion mischte — Zeiten, die freylich noch nicht ganz vorbey sind — nicht vertragen, daß dieses Land in den Händen der Sarazenen oder Mohammedaner wäre, die man freylich für noch grausamere Christenfeinde ausgab, als sie es wirklich waren. Man beschloß also das Land diesen sogenannten Barbaren mit Gewalt abzunehmen. Da man hiezu ein großes Heer brauchte; so schickte man in allen christlichen Ländern Geistliche herum, die die Leute aufmuntern musten: bewafnet nach Paläſtina zu ziehen, und dort wider die Sarazenen zu streiten, und denen, die es thun würden, Nachlassung ihrer Sünden versprachen. Wer sich nun durch diese Predigten bewegen ließ, der heftete sich ein Kreuz von rothem Tuch auf die Brust oder auf die Schulter: und man sagte von ihm, er habe das Kreuz genommen; so wie man von dergleichen Geistlichen sagte, sie predigten das Kreuz. Die Unternehmungen selbst aber nannte man Kreuzzüge, so wie diejenigen die daran Theil nahmen Kreuzfahrer, oder auch Kreuzbrüder.

Es

XXX. Brief.

Es war in den ersten Regierungsjahren unseres Wladislaws: daß der Zisterzienserabt von Clairvaux in Frankreich Nahmens Bernhard, ein sonst sehr frommer, und für jene Zeiten vorzüglich gelehrter Mann durch seine Predigten unter andern fürstlichen Personen selbst Kaiser Konraden III. und König Ludwigen VII. von Frankreich bewogen hat, das Kreuz zu nehmen. Es rüstete sich also beynahe Alles in Deutschland und Frankreich zu einem allgemeinen Kreuzzuge. Da Wladislaw mit dem Kaiser so gut stund, so war er ganz willig, denselben mit einer guten Anzahl Böhmischer Krieger zu begleiten. Er zog also mit ihm durch Hungarn und andere an der Donau gelegene Länder auf Konstantinopel zu. Unterwegs litt das Kreuzheer sehr viel durch Krankheiten und Mangel an Lebensmitteln. Es kam also sehr geschwächt zu Konstantinopel an; wo sich das Elend desselben durch die Treulosigkeit der Griechen, das ist: der Bewohner des morgenländischen Kaiserthums, dessen Hauptstadt Konstantinopel war, noch vermehrte. Der Kaiser setzte dem ungeachtet über die Meerenge nach Asien hinüber, und opferte dort beynahe sein ganzes Heer. Unser Wladislaw ward durch Schaben

ben klug. Der Verlust, den er bisher erlitten hatte, schreckte ihn von dem weitern Zuge ab, und er kehrte von Konstantinopel mit seinen übrigen Streitern nach Böhmen zurück.

Während seiner Abwesenheit hat der Sohn seines Vorfahrs Herzog Sobieslaws, der auch Sobieslaw hieß, Unruhen erreget. Aber Theobald Wladislaws Bruder, der mittlerweile Statthalter war, setzte den unruhigen Kopf gefangen. Dieser Theobald war überhaupt ein vortrefflicher Prinz, und führte die Statthalterschaft so gut, daß das ganze Land sich glücklich schätzte, unter ihm zu stehen.

XXXI.

Mißverständniß mit Kaiser Friedrich I. Er gewinnt Wladislaws Freundschaft.

Bald nach seiner Rückkehr von Konstantinopel hatte Wladislaw mit neuen innerlichen Unruhen zu kämpfen. Die Quelle davon war die Herrschsucht der Prinzen des Herzoglichen

Hauses. Ob sie schon mit Ländereyen in Mähren betheilt waren; so sehnte sich doch bald dieser bald jener aus ihnen nach dem Herzoglichen Thron, auf dem ihre Väter einst gesessen hatten. Dieses thaten vor andern die beyden Söhne Herzog Sobieslaws: Ulrich, und Sobieslaw, und der Sohn Herzog Borziwogs Zpitihnew. Diese unruhigen Köpfe suchten alle drey bey dem neuen Kaiser Friedrich dem Rothbart Zuflucht, und wurden von ihm gut aufgenommen. So wohl dieses, als daß der Kaiser die Stadt Bautzen in der Lausitz unvermuthet überfallen ließ, störte das gute Vernehmen zwischen ihm und Wladislawn.

Den Schutz, den Kaiser Friedrich den erwähnten Prinzen widerfahren ließ, verdienten sie, wenn man auf ihr übriges Betragen sehen will, gewiß nicht. Sobieslaw und Ulrich gaben vorzüglich Beweise einer niedrigen Denkungsart. Sie erinnern sich doch noch, lieber Karl! daß den erstern Theobald, da er Unruhen anfing, hatte gefangen setzen lassen. Der von Konstantinopel zurückkehrende Wladislaw ließ darauf denselben auf das Schloß Frauenberg in enge Verwahrung bringen. Er fand aber Gelegenheit von da zu ent=

entwischen, nachdem er zuvor an dem Kastellan — so nannte man in jenen Zeiten die Befehlshaber der Schlößer — einen Meuchelmord begangen hatte. Wirklich hätte es einem sonst so großen Kaiser mehr Ehre gemacht, einen Meuchelmörder zu verabscheuen, als ihn bey sich aufzunehmen. Auch Ulrich hat gewiß eine sehr kleine Seele gehabt. Der Prager Bischof Daniel hatte durch seine Fürbitte Herzog Wladislawn bewogen, ihm seine aufrührischen Anschläge zu verzeihen. Und der gute Wladislaw verzieh ihm nicht nur, sondern er schenkte ihm auch die Stadt Königinngrätz. Diese Großmuth hatte bey Ulrichen die Wirkung doch nicht, daß er ruhig geblieben wäre.

Es war also kein Wunder, daß Wladislaw dem Kaiser, als dem Beschützer seiner rebellischen Verwandten manchen Beweis seiner Abneigung gab. Er erschien auf dessen Einladung auf einem Reichstage gar nicht, und einen andern verlies er, ohne von dem Kaiser Abschied zu nehmen. Und als der Kaiser nach Rom zog, um sich dort von dem Pabste krönen zu lassen, stellte er zu dessen Begleitung, wie es sonst gebräuchlich war, keine Mannschaft.

Aber endlich war Kaiser Friedrich ernstlich darauf bedacht, Wladislawn sich zum Freunde zu machen. Er lud ihn nach Würzburg ein, wo er seine Hochzeit feyerte. So wie er da die Zurückgabe von Bautzen versprach, ließ sich der edle Wladislaw schon ganz gewinnen. Er bewilligte auf des Kaisers Fürwort dem aufrührischen Prinzen Zpitihnew gänzliche Verzeihung: und verband sich einen doppelten Kriegszug mit dem Kaiser zu machen, einen nach Polen, und den andern nach Italien.

Der erste ging bald darauf vor sich. Die Böhmen halfen die Festung Glogau, das itzige Großglogau, erobern, und drangen die ersten unter ihrem Herzoge tiefer in Polen ein. Die Polen suchten nun Frieden, und Wladislaw verschafte ihnen denselben von dem Kaiser auf billige Bedingungen.

XXXII.

XXXII.

Wladislaw wird König; und hilft dem Kaiser die Mayländer besiegen.

Nach dem glücklich geendigten Polnischen Kriege schrieb Kaiser Friedrich nach der Stadt Regensburg einen Reichstag aus, auf dem auch unser Wladislaw erschien. Man traf hier alle Anstalten zu dem Kriegszuge nach Italien, um dort die Mayländer zu demüthigen, die dem Kaiser, der immer zugleich Oberherr von Italien war, den Gehorsam aufgesagt hatten. Wladislaw both sich insbesondere an, den Kaiser mit einem Böhmischen Heere dahin zu begleiten. Der Kaiser aber erklärte vor den versammelten Deutschen Fürsten Wladislawn wegen seiner Verdienste um das Dentsche Reich auf das feyerlichste zum König; und setzte ihm in der Reichsversammlung mit eigener Hand die Königskrone auf. Dieses geschah den 11ten Jäner 1158.

So viel Freude bey Wladislaws Ankunft nach Prag das Volk darüber bezeigte; so unzufrieden waren damit die Großen. Sie leg-

XXXII. Brief.

legten es Wladislawn sehr übel aus, daß er den Königstitel vom Kaiser angenommen habe. Und wegen des Zuges nach Mayland wurden sie gar aufgebracht; und schmählten gewaltig über den Bischof Daniel, als den vertrautesten Rathgeber des Königs. Wladislaw sagte: nicht der Bischof, sondern Dankbarkeit und Freundschaft hätten ihm hier gerathen. Im übrigen zwinge er niemanden, der lieber bey seinem Weibe zu Hause bleiben wolle, ins Feld zu gehen. Er wolle nur freywillige Krieger. So wie diese Rede des Königs bekannt ward; lief Alles zu den Fahnen desselben: man muste so gar Viele zurückweisen.

Nachdem Wladislaw zu dem Heere des Kaisers gestossen war, ersuchte ihn dieser vorauszugehen. Die Böhmen, stolz auf diese Ehre, überstiegen die Alpen — hohe Gebürge, welche Italien von Deutschland trennen — und bereiteten den nachfolgenden Deutschen die Wege. Die Stadt Brescia, die es mit den Mayländern hielt, zwangen sie zur Unterwerfung. Die Feinde hatten den Fluß Adda besetzt; die Böhmen schlugen sie von da weg; und fochten noch sonst öfters glücklich wider sie. Bald wurden dieselben in

May=

Mayland selbst eingeschlossen; und diese Stadt von dem ganzen Heere des Kaisers belagert.

Hier soll sich, wie das ein alter Chronist berichtet, etwas sehr drolliges zugetragen haben. Diejenigen Mayländischen Soldaten, die vor den Böhmen an der Adda geflohen waren, wurden von ihren Mitbürgern feige Memmen gescholten. Sie sagten zu ihrer Entschuldigung: die Böhmen wären keine gewöhnliche Menschen, sondern sähen wie die Teufel aus. Das erfuhren die Böhmen; und nun ritten sie um die belagerte Stadt in einiger Entfernung je zwey und zwey auf einem Pferde herum. Die Mayländer glaubten also lauter Ungeheuer zu sehen; und die Furcht vor denselben soll viel beygetragen haben, daß sie einem gewissen Grafen Guido von Blandrate, der zur Unterwerfung gegen den Kaiser rieth, eher Gehör gaben.

Der Böhmische König, eben so mitleidig, als tapfer, bat nun für die rebellischen Mayländer bey dem Kaiser. So sehr dieser wider sie erzürnt war; so konnte er doch Wladislawn, dem er den glücklichen Erfolg meistens zu danken hatte, und dem Prager Bischof Daniel, den er vorzüglich hochschätzte, te nichts abschlagen. Er schenkte den Mayländern den Frieden, nachdem sie eine sehr demüthige Abbitte gethan hatten. Sie musten zwar eine Geldstrafe erlegen; aber die fiel ihnen bey ihrem Reichthum nicht schwer; sonst ließ man sie, wenn sie nur den Kaiser wieder als ihren Oberherrn erkannten, nach ihrer Verfassung leben. Die Tapferkeit der Böhmen zu belohnen, schlug der Kaiser viele aus ihnen selbst zu Rittern. König Wladislaw kehrte mit großem Ruhm nach Böhmen zurück; sandte aber bald wieder nach Italien dem Kaiser Hülfsvölker zu, die unter der Anführung des Prinzen Friedrich, — er war Wladislaws ältester Sohn, — und des schon sonst erwähnten Theobald, Mayland, das aufs neue rebellirt hatte, zerstören halfen.

XXXIII.

Sobieslaws neuer Aufruhr. Veranlassung des Hungarschen Krieges.

Das Vergnügen aus dem auswärts erworbenen Ruhm verbitterte Wladislawn eine abermalige aufrührische Unternehmung des Sohnes seines Vorfahrs Sobieslaw. Otto Fürst zu Ollmütz war gestorben: und nun stund es unstreitig bey König Wladislawn, als Oberherrn des ganzen Staats, wem er das erledigte Fürstenthum geben wollte. Da er so manche aufrührische Prinzen schon begnadigt hatte; so hätte auch Sobieslaw, so sehr er auch Wladislawn beleidigt hat, das Ollmützer Fürstenthum von ihm doch hoffen können, wenn er ihn nur darum gebeten hätte. Aber Bitten und gute Worte geben war nicht im Karakter Sobieslaws. Er brachte einige Taugenichtse zusammen, bewafnete sie, und überfiel mit ihnen die Stadt Ollmütz. Das war nun ein offenbarer Eingriff in das Recht Wladislaws als Königs, und eigentlichen Oberherrns auch von Mähren, den derselbe nicht ungeahndet lassen konnte. Er ging also mit einem Heere auf Sobieslawn los, und ängstigte ihn in Ollmütz so sehr, daß derselbe, ausser Stand sich länger wehren zu können, auf gewiße Bedingungen sich endlich ergeben hat. Und hier that der sonst so edle Wladislaw etwas, was Tadel verdient. Wider das gegebene Wort ließ er Sobieslawn auf dem Schlosse Frauenberg einkerkern. Rechtferfertigen läßt sich ein Bruch des Wortes nie. Aber zu einiger Entschuldigung des Königs könnte man doch zwey Bemerkungen anführen. Es war schon das zweytemal, daß Sobieslaw die öffentliche Ruhe gestöret hat; es war also auch in der Folge ihm nicht zu trauen, und Wladislaw wollte eigentlich nur künftigen Rebellionen und Blutvergießungen dadurch vorbeugen, daß er sich seiner Person versicherte. Und dann hatte Sobieslaw, als er sich nach Otto's Tod der Stadt Ollmütz widerrechtlich bemächtigt hat, an den dortigen unschuldigen Bürgern schreckliche Grausamkeiten ausgeübet, wodurch der sanfte Wladislaw, der in allen seinen Kriegen selbst diejenigen, die wider ihn gestritten hatten, so viel möglich zu schonen pflegte, sehr aufgebracht, und bewogen worden ist, ihn zur Strafe zu ziehen. Bey allem dem, hätte Wladislaw besser gethan, wenn er sein Wort nicht gebrochen hätte. Das dem eingekerkerten Sobieslaw entzogene Ollmützer Fürstenthum gab der König seinem ältesten Prinzen Friedrich.

Kaum hatte Wladislaw die Ruhe in seinem Staat wieder hergestellet, als er schon wieder in einen auswärtigen Krieg verwickelt ward. Die Veranlassung zu demselben war
fol-

folgende. Der Hungarsche König Geysa war gestorben, und hatte einen Sohn hinterlassen, der unter dem Nahmen Stephan III. den Thron bestieg. Aber itzt wollten ihm Gaysa's Brüder: Ladislaw und Stephan, die königliche Würde streitig machen. Manuel, der Kaiser zu Konstantinopel, unterstützte die ungerechten Ansprüche der Letztern; und die Furcht seiner Macht bewog die meisten Hungarischen Großen von ihrem rechtmäßigen König abzufallen, und es mit dessen Oheimen, und dem Kaiser Manuel zu halten. Geysa's Wittwe, und Stephans III. Mutter die Königinn Euphrosyne suchte in dieser Verlegenheit den Beystand König Wladislaws, welcher um so geneigter war, denselben zu leisten, weil sein Sohn Friedrich die Tochter Euphrosynens und die Schwester Stephans III. Elisabeth zur Gemahlinn hatte.

XXXIV.

XXXIV.

Wladislaw unternimmt den Zug nach Hungarn, trotz des Widerwillens der Großen.

Nicht ohne Hindernisse konnte Wladislaw seinen gefaßten Entschluß ausführen. Es war damals, lieber Karl! nicht so, wie itzt. Wenn itzt unser Kaiser und König Krieg führen will: so läßt er die Regimenter, die er immer in Bereitschaft hat, aus ihren Quartieren aufbrechen; und sie ziehen ohne weiters wider den Feind aus. Aber damals hielt man keine Regimenter, und zu Friedenszeiten überhaupt keine Soldaten. Wurde das Vaterland angegriffen; so mußte die ganze Ritterschaft, das ist: der kleinere Adel zu Feld ziehen, und das war die Reuterey. Der höhere Adel, die Reichsbaronen, zogen, ein jeder mit einer Anzahl seiner bewaffneten Unterthanen, auch wider den Feind, und die königlichen Städte stellten ebenfalls Leute, und das war meistens das Fußvolk. Aber wohl gemerkt! hiezu waren der große und kleinere Adel,

und

und die Städte nach den Gesetzen nur verbunden in Schutzkriegen, das ist: wenn das Vaterland von einem auswärtigen Feinde angegriffen ward. In Trutzkriegen, so heißen jene Kriege, die man anfängt, um einem andern Fürsten ein Land wegzunehmen, oder eine — oft nur eingebildete — Beleidigung zu rächen, oder aber den fremden Staat zu etwas zu zwingen, was man dem eigenen vortheilhaft glaubt; muste im alten Böhmen der König oder Herzog erst die Stände des Landes, das ist den hohen, und den niedern Adel, und die Abgeordneten der Städte zusammen berufen; und es kam auf sie an, ob sie mit zu Felde ziehen wollten?

Dieses that nun itzt unser Wladislaw. Er stellte den versammelten Ständen vor: sein Freund und Verwandter der Hungarsche König, werde vom Throne verdrungen, er sey entschlossen ihm beyzustehen. Da widersetzten sich nun viele von den Baronen: es sey unerhört sagten sie, daß ein König von Böhmen einen König von Hungarn einsetze, oder ein König von Hungarn einen König von Böhmen. Das war nicht etwa Abscheu vor einem unnützen Kriege. Sondern diese Baronen, meistentheils unruhige Köpfe, hatten

an

an den Empörungen der Prinzen aus Mähren Theil genommen, und feindeten den König an; weil er sich von ihnen nicht wollte regieren lassen. Selbst Rebellen, wollten sie nicht, daß die Rebellen in einem andern Lande gezüchtigt würden; denn Rebellen waren jene Hungarischen Großen, die es mit dem Kaiser Manuel wider ihren rechtmäßigen König hielten. Auch besorgten sie, daß so wie itzt ihr König dem Hungarischen wider die dortigen Rebellen beystünde; der wiedereingesetzte Stephan dafür wieder Wladislawn beystehen würde; wenn sie selbst einmal wieder rebelliren wollten.

Wladislaw war zu weise, um durch Befehle, die sich ohnehin mit der damaligen Verfassung des Landes nicht vertragen hätten, diesen Leuten einen Vorwand zur Empörung zu geben; und zugleich das übrige getreue Volk zu kränken. Er kannte die Liebe, welche der kleinere Adel, und vorzüglich der Bürger und Landmann zu ihm trug. Er erklärte also feyerlich: daß er weit entfernt sey, jemand zum Feldzug zu zwingen. Er stelle es jedwedem frey; ob er seinen Fahnen folgen wolle, oder nicht? Und nun geschah, was er vorgesehen hatte. Der Bürger und Bauer

griff

griff häufig zu den Waffen; und der Edel=
mann schämte sich zurück zu bleiben. Und so
ward auf eben die Art, ein eben so starkes
Heer, wie einst bey dem Zuge nach Italien
zusammengebracht.

XXXV.
Glorreicher Feldzug in Hungarn. Wladislaw zerfällt mit Kaiser Frid= richen.

Mit diesem Heere, lieber Karl! zog, nach=
dem auch Prinz Friedrich mit den Mährern
dazu gestossen war, König Wladislaw nach
Hungarn. Der Griechische Kaiser war bereits
über die Donau gegangen. Wladislaw rück=
te ihm so nahe, daß er wohl einen Angriff
vermuthen konnte. Den getraute sich Ma=
nuel nicht zu erwarten; und floh bey der
Nacht über die Donau eilends zurück. Ge=
gen Morgen merkten das die Böhmen, setzten
den Griechen nach, und brachten ihnen eine
starke Niederlage bey. Das brachte den Kai=
ser auf Friedensgedanken: er schickte darum

Abgeordnete an Wladislaw. Dieser, immer bereit die Waffen niederzulegen, so bald ein Feind sich billig bezeigte, foderte nichts anders, als daß Stephan III. den ihm gebührenden Thron ruhig besitzen sollte; und so wie man das einging, beredete er den König von Hungarn denjenigen zu verzeihen, die sich ihm widersetzt hatten. Auf diese Art vermittelte er den Frieden zwischen Stephan und Manuel. Zugleich erneuerte er mit dem letzten die alte Freundschaft, die er mit demselben schon damal geschlossen hatte, als er auf dem Kreuzzuge bis Konstantinopel gekommen war. Und um diese Freundschaft noch mehr zu befestigen, ward eine Heurath zwischen der Enkelinn unseres Königs Helena, und dem Neffen des Griechischen Kaisers Peter verabredet. Und so kehrte Wladislaw von einem König, dem er sein Reich erhalten hatte, und von einem Kaiser, der kurz bevor sein Feind war, geehret und beschenket, an der Spitze seines mit Ruhm gekrönten Heeres nach Böhmen zurück; und ward aller Orten von dem Volke mit dem lautesten Jubel, und mit so aufrichtiger Freude empfangen; daß man wohl sah, daß die Unzufriedenheit einiger Großen die Liebe der Nazion ihm nicht entzogen habe. Mitt=

Mittlerweile war Wladislaw mit Kaiser Friedrichen zerfallen. Die Kardinäle zu Rom, welche den Pabst zu wählen pflegen, waren bey einer Pabstwahl nicht einig unter einander; und so wurden von zwey Partheyen zwey Päbste zugleich gewählet: Alexander III., und Viktor IV. Kaiser Friedrich erklärte sich für Viktorn, da sonst Alexander mehr Anhänger hatte. Der Prager Bischof Daniel war nicht nur seines Königs sondern auch des Kaisers vertrautester Rathgeber; er hatte also viel Theil an der Anerkennung Viktors durch den Kaiser, und stimmte auch König Wladislawn so wie die Böhmische Geistlichkeit für Viktorn. Viktor starb; und der Kaiser wollte von Alexandern noch nichts wissen, sondern ließ wider ihn Paschal III. wählen. Der Kaiser hoffte, Wladislaw würde sich auch wieder für denselben erklären. Aber in Böhmen war indeß ein gewißer Friedrich Bischof geworden, der da glaubte, man müsse Alexandern, eben darum weil er mehr Anhänger hätte, als rechtmäßigen Pabst erkennen: das Domkapitel war seiner Meinung; und Wladislaw war erst ungewiß, was er thun sollte? Er hatte einen geistlichen Bruder, Adelbert, der bisher Bischof zu Passau gewesen, und itzt zum Erzbischof zu Salzburg gewählt worden war. Dieser hielt immer Alexandern für den einzigen wahren Pabst; konnte aber seinen Bruder Wladislaw, so lang Bischof Daniel lebte, nicht für denselben gewinnen. Nach dessen Tod gelang es ihm: und da sich der neue Bischof Friedrich, und die Prager Domherren mit ihm vereinigten; so erklärte sich Wladislaw öffentlich für Pabst Alexandern, und beleidigte dadurch den Kaiser auf das äusserste, der bald Gelegenheit fand, seine Feindschaft ihm empfinden zu lassen.

XXXVI.

König Wladislaw tretet die Regierung seinem Sohne Herzog Friedrichen ab. Anschläge seiner Feinde.

Wladislaw wünschte nach so großen Thaten die letzten Jahre seines Lebens in der Ruhe zuzubringen; zugleich aber seinem Sohne Friedrich die Nachfolge zu versichern. Es ist wahr, das Gesetz des Seniorats stund im Wege; denn die beyden Söhne seines Vorfahrs:

fahrs: Sobieslaw und Ulrich, waren älter, als Friedrich. Aber Sobieslaw hatte sich zu wiederholten Malen mit den Waffen in der Hand empöret, und Ulrich hatte nach seiner Begnadigung sich abermals unruhig betragen; beyde schienen daher ihr Erbrecht verwirkt zu haben. Wladislaw erklärte also Friedrichen nicht nur zu seinem Thronfolger, sondern er trat ihm auch die Regierung sogleich ab, Willens seine übrige Lebenszeit in dem Kloster Strahof zuzubringen.

Dem widersprachen nun jene Große des Landes, die sich bey allen Gelegenheiten Wladislawn widersetzt hatten. Die beyden unruhigen Brüder Sobieslaw und Ulrich sahen sie für Werkzeuge an, den guten König zu kränken. Sie wollten es dahin bringen, daß anstatt Friedrichs einer von ihnen den Thron bestiege. Da Sobieslaw noch immer zu Frauenberg gefangen saß, so mußte Ulrich durch Ohrenbläsereyen den wegen der Anerkennung Pabst Alexanders ohnehin schon beleidigten Kaiser wider Wladislawn noch mehr aufbringen. Es kam auch soweit: daß der Kaiser die Abtretung der Regierung an Friedrichen ohne sein Wissen für einen Eingriff in seine nichts weniger als ausgemachte Rechte über

Böhmen ansah; und darum sowohl den König Wladislaw, als auch dessen Sohn den neuen Herzog vor seinen Richterstuhl foderte. Anstatt beyder erschien der Prager Bischof Friedrich bey dem Kaiser, um ihn zu besänftigen. Der Kaiser verlangte als eine Bedingung der Aussöhnung die Entlassung Sobieslaws aus dem Kerker. Das war eine Falle, die man nach der mit Ulrichen und den feindselig gesinnten Großen getroffenen Verabredung Wladislawn und Friedrichen legte. Würden sie nein zu dieser Foderung gesagt haben; so hatte der Kaiser einen Vorwand, sie als Widerspenstige zu bekriegen. Und sagten sie, ja; so bekamen die Mißvergnügten an dem wieder befreyten Sobieslaw einen entschlossenen Anführer. Wladislaw und Friedrich besorgten nichts Arges; und so wie sie beyde gute und gegen ihre Feinde sehr versöhnliche Fürsten waren, fanden sie keinen Anstand Sobieslawn sogleich auf freyen Fuß zu setzen. Ja, Friedrich, seit der Abtretung regierender Herzog, empfing ihn bey seiner Ankunft zu Prag mit aller ersinnlichen Freundschaft. Aber, sie erinnern sich doch, mein kleiner Freund! der Fabel von der erstarrten Schlange, die der Mensch an seinem Busen

er-

erwärmte, und wieder zum Leben brachte; zur Dankbarkeit biß sie ihn dafür. Sobieslaw machte es nicht besser, als diese Schlange. Erst beging er die Heucheley: baarfuß alle Kirchen zu Prag zu besuchen, um auf diese Art Gott für seine Befreyung zu danken. Ueber diesen Anblick verwandelte sich bey dem Volke, das, durch den äußern Schein der Frömmigkeit geblendet, sein Inneres nicht durchschaute, der Abscheu vor ihm erst in Mitleid, und dann in Wohlwollen. Und das letzte brauchte er zu seinen rebellischen Absichten. Verschiedene von den Großen gossen Oel ins Feuer, wie man im Sprüchworte zu sagen pflegt; und machten ihm weiß, Herzog Friedrich wolle ihn seiner Augen berauben lassen. Er entfernte sich also eilends nach Nürnberg, um bey Kaiser Friedrichen mit seinem Bruder Ulrich gemeinschaftlich über Wladislawn und seinen Sohn zu klagen.

XXVII.

XXXVII.

Der Kaiser ernennt Sobieslawn II. zum Herzog. König Wladislaws trauriges Ende.

Selbst die erfüllte Bedingung, Sobieslaws Freylassung aus dem Kerker, besänftigte Kaiser Friedrichen nicht. Er sprach vielmehr dem Sohne des ihm nun eben so sehr verhaßten, als einst von ihm geschätzten König Wladislaws das Herzogthum feyerlich ab; und wollte es auf Ulrichen übertragen. Weil aber dieser selbst einwandte: sein Bruder Sobieslaw hätte als der ältere mehr Anspruch darauf, so verlieh er es auch demselben. Der Kaiser maßte sich hier eines Rechtes an, das er über das unabhängige Böhmen nicht hatte. Aber, da sich Böhmen selbst, und unter diesen sogar Prinzen des regierenden Hauses an ihn gewendet hatten; so ergriff er freylich gern die Gelegenheit, seiner Macht einen Zuwachs dadurch zu verschaffen, daß er über ein sonst freyes Land den Herrn spielte. Ich muß hier erinnern, guter Karl! daß sie sich nicht daran stossen, daß ich Böhmen ein Herzogthum nenne. Denn Wladislaw ist zwar ein König, aber darum nicht Böhmen ein Königreich geworden. Die diesem Fürsten vom Kaiser ertheilte königliche Würde war, so wie einst bey Wratislawn, nur persönlich.

Der vom Kaiser ernannte Herzog Sobieslaw II. ging nun nach Böhmen: zu der Mannschaft, die er aus Deutschland mitgebracht hatte, stießen die Wladislawn und seinem Sohne Friedrich von jeher aufsäßigen Großen. Alles hatte das Ansehen zum Ausbruche eines Bürgerkrieges. Hätte Wladislaw Gewalt mit Gewalt abtreiben wollen; so würde er gewiß Vertheidiger genug in einer Nazion gefunden haben, die er 35 Jahre so weise, so gütig, und so rühmlich beherrscht hatte, und die einst auf seinen Wink nach Polen, Italien und Hungarn so willig gezogen war. Aber wenn man alle Kriege dieses Königs betrachtet; so findet man immer, daß er bey der ersten Veranlassung die Hand zum Frieden gebothen habe. Man sieht also, daß er auch das Blut der Feinde gern schonte. Er konnte daher das seiner Böhmen um so weniger gleichgültig fliessen sehen. Um keinen Anlaß zum innerlichen Kriege zu geben,

ben, rieth er seinem Sohne Herzog Friedrichen für itzt Nachgiebigkeit; er aber für seine Person verließ bey der Annäherung Sobieslaws Prag, und verfügte sich nach dem Schlosse Mehre oder Meran in Thüringen, welches eine Besitzung seiner zweyten Gemahlinn Judith einer Thüringischen Prinzeßinn war. Hier starb er sieben Monate darauf im J. 1174.

Traurig, mein guter Karl! endigt sich König Wladislaws Geschichte, aber um so lehrreicher. Wladislaw macht durch seinen Beystand einen Kaiser, Friedrichen, siegen, und besiegt einen andern, Manueln. Zwingt einen König den von Polen um Frieden zu bitten, und setzt einen andern den von Hungarn wieder in sein Reich ein; und am Ende muß er sein eigenes Königreich mit dem Rücken ansehen. Auf so schwachen Füssen steht die menschliche Größe. Noch mehr! er war ein guter Fürst; und stirbt weit von seinen Unterthanen im Exil. Die Tugend, bester Karl! ist nicht immer glücklich. Man muß also — diese Lehre hat ihnen ihre liebreich besorgte Mutter mehr als einmal in meiner Gegenwart gegeben — man muß also nicht aus Eigennutz tugendhaft seyn! man
muß

muß Gutes thun, weil es in sich schön ist. Das innere Bewustseyn, seine Pflicht gethan zu haben, ist für eine edle Seele ein viel süsserer Lohn, als die Ehrenstellen, und Reichthümer der ganzen Welt. Der Tugendhafte ist nicht immer glücklich; aber er weis immer das Unglück mit Muth zu ertragen.

XXXVIII.

Sobieslaws II. Regierung, und Laster.

Sobieslaw II. wollte sich dadurch gegen Kaiser Friedrichen dankbar erzeigen; daß er ihm nach Italien ein Hülfsheer zuschickte. Aber wie ungleich waren die Böhmischen Soldaten unter Sobieslaw jenen, die einst der edle König Wladislaw zu Sieg und Ruhm geführt hatte? Sie legten itzt nicht nur keine Ehre in Italien ein; sondern sie kamen auch in einem so elenden Zustande zurück, daß sie landstreichenden Bettlern gleich sahen. Dieser Italienische Krieg war nur unglücklich; ein Paar andere, die Sobieslaw geführt hat, waren schändlich, und, man kann sagen, widernatürlich.

XXXVIII. Brief.

Kaiser Friedrich hatte auf des nun verstorbenen König Wladislaws Bruder Adelbert, der erst Bischof zu Passau, und dann Erzbischof zu Salzburg war, einen tödtlichen Haß geworfen; weil derselbe Pabst Alexandern nicht nur selbst anhing, sondern auch König Wladislawn für ihn gewonnen hatte. Er verdrang also Adelberten aus dem letztern Stifte. Ja! auf einem Reichstag zu Regensburg entsetzte er ihn gar der Würde eines Reichsfürsten. Dieser ungerechten Entsetzung widersprach nun Herzog Heinrich von Oesterreich, der immer ein Freund des in Böhmen regierenden Hauses war. Anstatt diesem Fürsten dafür dankbar zu seyn, ließ sich Herzog Sobieslaw vom Kaiser verleiten, ihn mit Krieg zu überziehen. Die Heldenthaten in diesem höchst ungerechten Kriege waren von Sobieslaws Seite keine andere, als unmenschliche Verheerungen des Landes. Das hieß also an einem Fürsten sich rächen, weil er um den unschuldig gedrückten Anverwandten sich angenommen hatte. Diese Feindschaft wider das eigene Blut zugleich mit Undank, erfuhr auch der Fürst zu Znaym Konrad. Er hatte Sobieslawn in dem Kriege mit Oesterreich treulich beygestanden; und nun griff

Sobieslaw ihn selbst an. Anstatt das Brünner Fürstenthum, wie er es eher versprochen hatte, Konraden wirklich einzuräumen, wollte er ihm auch das Znaymer entreissen; was nur Konrads ausserordentliches Waffenglück verhindert hat.

Eben so wenig Ehre machen Sobieslawn mehr andere seiner Handlungen. Seinem Bruder Ulrich hatte er es eigentlich zu danken, daß ihn der Kaiser zum Herzog gemacht hat; und er steckte ihn dafür ins Gefängniß. Dem Kastellan Sturmo von Frauenberg, der ihn während seiner Gefangenschaft auf König Wladislaws Befehl etwas härter hatte behandeln müssen, hatte er sein fürstliches Wort gegeben, dieses an ihm nie zu rächen; und itzt ließ er ihn hinrichten. Das Volk murrte über diese Grausamkeit laut. Und nun ging Sobieslaw zu Prag baarfuß und in einem groben wollenen Kleide durch alle Kirchen, zum Scheine um seine Grausamkeit abzubüssen, in der That aber, um das aufgebrachte Volk bey guter Laune zu erhalten, und einem Aufruhr vorzubeugen.

Kein Mensch, lieber Karl! ist wohl so ganz böse, daß er nicht auch eine oder die andere gute Eigenschaft an sich hätte: und das war auch der Fall bey Sobieslawn. Er verwaltete gegen seine Unterthanen die Gerechtigkeit gut und unpartheyisch; er schonte den Armen bey der Ausschreibung der Steuern und Auflagen; und er war sehr leutselig gegen den gemeinen Mann, besonders gegen die Bauern, von denen er immer ein Gefolge um sich hatte. Man nannte ihn darum den Bauernfürsten; und der Adel spottete darüber, und sagte: Sobieslaw wäre in seiner Gefangenschaft ganz verwildert, und fände darum kein Vergnügen an einem feinern Umgang.

XXXIX.
Herzog Friedrich bemächtigt sich Böhmens.

Der verdrungene Herzog Friedrich suchte erst in Hungarn Hülfe. Dann wandt er sich an den Kaiser. Die vielen Klagen welche die Böhmen über Sobieslawn bey demselben führten, kamen Herzog Friedrichen zu Statten. Auch der neue Herzog von Oesterreich Leopold, der dem eben verstorbenen Heinrich

nach-

nachgefolgt war, beschwerte sich bey dem Kaiser über die von Sobieslaw in Oesterreich ausgeübten Grausamkeiten. Durch alles das war Sobieslaw in der Gunst des Kaisers schon sehr gesunken; als Herzog Friedrich sich noch jener Waffe bediente, die bey Großen und Niedern fast immer sieget. Er both dem Kaiser eine beträchtliche Summe Geldes an, wenn er ihn wieder als Herzog von Böhmen erkennen würde; und sogleich sah der Kaiser die Gerechtigkeit der Ansprüche desjenigen ein, den er einst selbst verdrungen hat; und erklärte den von ihm eher eingesetzten Sobieslaw des Herzogthums verlustig und unwürdig.

Nun warb Herzog Friedrich ein Heer in Deutschland, und nachdem ihn Herzog Leopold von Oesterreich durch Hülfsvölker verstärkt hatte; ging er mit demselben unverzüglich nach Böhmen, wo sich die vielen Mißvergnügten mit Sobieslaws Regierung häufig zu ihm schlugen. Sobieslaw widersetzte sich Anfangs muthig: aber da ihn die Seinigen zu ganzen Haufen verliessen; konnte er Prag nicht behaupten, welches Friedrich sogleich besetzte, und als rechtmäßiger Herzog erkannt ward. Sobieslaw hatte indessen in der Feste

Skala

Skala eine Zuflucht gefunden, von der aus er auch Streifereyen durch das Land unternahm. Ja, da Herzog Friedrich, vom Kaiser berufen, sich auf den Reichstag nach Würzburg begeben hatte, machte Sobieslaw so gar einen Versuch sich der Hauptstadt Prag wieder zu bemächtigen. Aber die Bürgerschaft blieb Friedrichen getreu, und wehrte sich mit vieler Tapferkeit so lange, bis Herzog Friedrich Zeit gewann zum Entsatz herbey zu eilen. Nun ging ihm zwar Sobieslaw entgegen, und brachte ihm eine ziemliche Schlappe bey. Aber eben erschien der von Sobieslawn eher beleidigte Znaymer Fürst Konrad aus Mähren mit einiger Mannschaft, vereinigte sich mit Friedrichen, und setzte diesen dadurch in Stand, eine neue Schlacht zu wagen. Er gewann sie, und die Frucht des Sieges war die Eroberung der Feste Skala. Der Verlust seines einzigen Zufluchtsorts im Lande zwang Sobieslawn aus demselben zu fliehen; und bald darauf starb er im Jahre 1180.

Itzt war also Friedrich, von den Böhmen in ihrer Sprache Bedrzich genannt, im Besitz des ganzen Herzogthums; aber dieser Besitz war nicht lange ruhig. Diejenigen Großen, die einst seinem Vater die Regierung

sauer=

sauer gemacht hatten, betrugen sich auch gegen ihn nicht besser. Zum Unglück muste Herzog Friedrich, um dem Kaiser die versprochene Summe zu bezahlen, große Auflagen ausschreiben. Das nahmen nun die aus andern Ursachen mißvergnügten Großen zum Vorwand. Entschlossen, sich wider ihren Herzog zu empören, suchten sie einen Anführer selbst unter den Prinzen des Herzoglichen Hauses. Sie schickten also erstens eine Gesandtschaft an Sobieslaws Bruder Wenzel, oder wie ihn die vaterländischen Scribenten bey seinem Böhmischen Nahmen immer nennen: Waczlaw, der sich in Hungarn aufhielt. Aber vermuthlich war ihnen dieser Prinz zu ihrer Absicht nicht entschlossen, oder vielmehr nicht mächtig genug. Sie versuchten also ihr Heil bey Konraden von Znaym. Die für den ganzen Staat von Böhmen nachtheiligen Folgen dieses Schrittes werden sie das nächstemal erfahren.

XL.

XL.

Konrad Otto wird von Böhmen unabhängiger Markgraf von Mähren.

Konrad, dessen ich zu Ende des vorigen Briefs und auch sonst gedacht habe, heißt zum Unterschied von andern Fürsten dieses Nahmens, in den Geschichtbüchern auch, Konrad Otto. Er war ein Urenkel des tapfern Herzogs Brzetislaws I., und ein Enkel Herzog Konrats I. aus seinem Sohne Luitold oder Leopold. Er besaß nach seines Vaters Tod beyläufig ein Drittel von Mähren, welches man von der Stadt Znaym, wo er residirte, das Znaymer Fürstenthum nannte. Da er Herzog Sobieslawn im Kriege wider Oesterreich beygestanden, versprach ihm derselbe das zweyte Drittel Mährens von der vornehmsten Stadt das Brünner Fürstenthum genannt; muste es ihm auch, durch die Waffen gezwungen, überlassen. Sie werden sich erinnern, lieber Karl! daß er Herzog Friedrichen wider Sobieslawn Hülfe geleistet. Der dankbare Friedrich belohnte ihn dafür

auch

auch mit dem Olmützer Fürstenthum; so daß Konrad Otto ganz Mähren besaß, und folglich für Herzog Friedrichen, besonders mit der unruhigen Fakzion in Böhmen vereinigt, ein allerdings fürchterlicher Feind war.

Konrad Otto sah bald ein, daß er dem ungeachtet wider Friedrichen in Böhmen selbst nichts ausrichten würde. Was man diesem Fürsten zur Last legte, die neuen Steuern, war in des Kaisers Augen Verdienst, denn er hatte sie ja nur ausgeschrieben, um die kaiserliche Schatzkammer zu füllen. Wirklich erklärte sich der Kaiser auch bereit, Herzog Friedrichen im Besitze Böhmens zu schützen. Der Macht des Kaisers sah sich nun Konrad Otto nicht gewachsen. Er erfüllte also die Hofnung nicht, welche die rebellische Fakzion sich von ihm gemacht hatte; und fiel nicht in Böhmen feindlich ein. Aber er kränkte Herzog Friedrichen auf eine andere Art, indem er zugleich dem Böhmischen Staat eine empfindliche Wunde versetzte.

Er war, wie wir schon wissen, Besitzer vom ganzen Lande Mähren; indeß muste er Friedrichen, als Herzogen von Böhmen, für seinen Oberherrn erkennen. Dieser Oberherrschaft — die ihm, wenn er ein edler Mann gewesen, schon darum nicht lästig hätte seyn sollen.

sollen, weil es die Oberherrschaft seines Wohlthäters war — wünschte er sich also zu entledigen. Er machte Kaiser Friedrichen den Vorschlag: er wolle Mähren von ihm und dem Deutschen Reiche zu Lehn nehmen, wenn ihn der Kaiser nur von der Böhmischen Oberherrschaft loszählte. Es war sehr unklug von einem Prinzen des Przemislischen Hauses, der noch selbst einmal Herzog von Böhmen werden konnte, einen für Böhmen so nachtheiligen Vorschlag zu machen. Aber um so klüger von einem Deutschen Kaiser ihn zu genehmigen. Verlor der Herzog von Böhmen die Oberherrschaft über Mähren; so wurde seine Macht um vieles geschwächt; und dem geschwächten Fürsten war es dann leichter das Vasallenjoch aufzubürden, was von jeher die Absicht der Deutschen Kaiser war. Kaiser Friedrich sagte also mit Freuden zu Konrad Otto's Antrage: ja. Sprach ihn von der Böhmischen Oberherrschaft los, erklärte Mähren für ein von Böhmen unabhängiges Land, und belehnte Konrad Otten damit, der dem Kaiser dafür Treue schwur. Konrad Otto bekam bey dieser Gelegenheit den Titel eines Markgrafen, weil Mähren gegen Hungarn, und Polen zu ein Gränzland des Deutschen

Rei=

Reiches war. Die Gränzländer nannte man aber damals auf deutsch Marken; und die Fürsten, die sie inne hatten, Markgrafen.

XLI.

Herzog Friedrich behauptet die Oberherrschaft über Mähren aufs neue.

Herzog Friedrich konnte sich der Anmassung des Kaisers nicht gerade zu widersetzen. Das würde Böhmen in einen Krieg mit dem Deutschen Reiche verwickelt haben, der um so gefährlicher gewesen wäre; weil Konrad Otto, und die mißvergnügten Böhmischen Baronen selbst wider ihr Vaterland Theil daran genommen haben würden. Indeß wollte er doch seinem Rechte auf Mähren nicht entsagen: er that vielmehr einen Schritt, durch welchen er sich aufs neue als Oberherrn des Landes zeigte. Er sprach den Antheil Mährens, den man das Ollmützer Fürstenthum nannte, dem Prinzen Wladimir, dessen Vater Otto es einst besessen hatte, zu. Dadurch war nun Konrad Otto, der zu Folge der kaiserlichen Belehnung Herr des ganzen Landes seyn wollte, vor den Kopf gestoßen: aber dennoch trat derselbe noch nicht offenbar auf. Wenzel oder Waczlaw ein anderer Prinz des Przemislischen Hauses, dessen ich schon einmal gedacht habe, der vor seiner Verweisung, aus der er nun zurück kam, Besitzer dieses Antheils von Mähren gewesen war, sollte nun den Nahmen zum Kriege herleihen. Konrad gab ihm ein in Mähren geworbenes Heer; und er fiel damit, gerade um die Zeit, als Herzog Friedrich auf dem Reichstage zu Maynz war, in Böhmen ein. Weil diejenigen Großen, die Friedrichen so wie einst seinem Vater Wladislaw aufsäßig waren, mit ihm einverstanden gewesen sind; so glaubte er bald Meister von der Hauptstadt Prag zu werden. Aber eine heldenmüthige Frau verhinderte das. Elisabeth Herzog Friedrichs Gemahlinn war zu Prag zurück geblieben; sie feuerte die Bürgerschaft zur Gegenwehr an: Prag trotzte den feindlichen Angriffen bis zur Zurückkunft des Herzogs, der von seinen Getreuen ein Heer sammelte, und von Herzog Leopolden von Oesterreich sowohl, als von seinem Oheim Adelbert, der mittlerweile wieder zum Besitze des Salzburger Erzstifts gelangt war, Hülfsvölker erhielt. Itzt musten sich die un-

ruhi-

ruhigen Großen unterwerfen, und Waczlaw ward von Friedrichen zum Lande hinausgejagt.

Weil Konrad Otto Waczlawen bey seinem Angriffe auf Böhmen allen Vorschub geleistet hatte; so diente das Herzog Friedrichen zu einem Vorwand ihn zu bekriegen, und ihn dadurch zur Anerkennung der ehemaligen Böhmischen Oberherrschaft zu zwingen, ohne daß der Kaiser es für eine Feindseligkeit aufnehmen konnte. Herzog Friedrich ließ also seinen Bruder Przemisl Ottokar zweymal in Mähren einbrechen. Bey dem ersten dieser Einfälle geschah weiter nichts, als daß das Land, besonders um Znaym herum, verheeret ward. Aber bey dem zweyten ging es viel ernsthafter zu. Konrad Otto hatte nicht nur ein zahlreiches Heer von Mährern zusammengebracht, sondern auch viele Deutsche Hülfsvölker an sich gezogen. Er glaubte also den Böhmen gewachsen zu seyn, und ließ sich in eine entscheidende Schlacht ein. Aber der tapfere Przemisl schlug ihn so nachdrücklich, daß er die Unmöglichkeit einsah, länger zu widerstehen. Es ward Friede; Mähren von Böhmen wieder abhängig, und Konrad Otto erkannte Herzog Friedrichen aufs neue als seinen Oberherrn.

XLII.

Ein Mirakel, wenn man will. Friedrichs Tod. Herzog Konrad Otto's kurze Regierung.

Heute, mein kleiner Freund! fürs erste etwas, wie sie es sonst gern zu hören pflegen; denn sie lieben in Erzählungen das Wunderbare, selbst wenn es unglaublich klinget. Der heilige Apostel Petrus war auf Herzog Friedrichen böse, daß er der Wisschrader Kirche, die seinen Nahmen führt, ein Dorf entzogen hat. Er kam also in der Nacht vor das Bette des Herzogs, versetzte ihm einige tüchtige Geiselhiebe, und befahl ihm, das Dorf zurückzugeben. Sie lachen, lieber Karl! und nennen das vielleicht gar ein albernes Mährchen? Nicht so ganz Mährchen, wie sie glauben. Mit den Geiselhieben wenigstens hat es seine Richtigkeit. Friedrich gesteht in einer öffentlichen Urkunde selbst, daß er sie richtig erhalten habe. Aber ob sie ihm der Apostel gegeben hat? das ist freylich eine andere Frage. Wie wäre es, wenn einer der Angehörigen der Wissehrader Kirche — das ist keine Unehre für ihre spätern Amtsgenossen, eben so wenig als es eine für unsern guten König Franz ist, daß seine Vorfahren: Boleslaw III. Swatopluk, und andere, nicht gut waren — sich so verkleidet hätte, wie man den heiligen Petrus zu mahlen pflegt; um in dieser Verkappung an dem Herzog sicherer Rache zu üben, daß er durch die Einziehung des Dorfes die Einkünfte des Kapitels geschmälert hat? Das wäre nicht das einzige Stückchen dieser Art in der Welt. Auch sonst klagte die Geistlichkeit, daß Friedrich die Besitzungen der Kirche angegriffen habe; und der Bischof von Prag Heinrich Brzetislaw von Przemislischem Blut, brachte diese Klage gar vor den Kaiser. Unser Herzog antwortete: der Bischof von Prag wäre nur sein Kaplan, der sich nicht unterstehen sollte, mit ihm, seinem Herrn, zu rechten. Einige Historiker behaupten: alle diese Klagen wären ungegründet gewesen; denn Friedrich hätte nur der Geistlichkeit das genommen, was sie mit Unrecht an sich gebracht ha'.

Die=

Dieser Fürst hatte unter den Großen Feinde, die ihm Vieles aufbrachten. Das Volk liebte ihn dafür, wie seinen Vater. Er starb im J. 1189.

Konrad Otto aus Mähren ward nun dem Gesetze des Seniorats zu Folge Herzog von Böhmen. Wie sich die Menschen, mein bester Karl! ändern können? und das immer nach den Eingebungen ihres Eigennutzes. Sonst wollte er Mähren zu einem von dem Böhmischen Herzoge unabhängigen Staat machen; itzt, da er selbst Herzog in Böhmen wurde, beugte er vor allem vor, daß kein anderer Fürst auf diesen Gedanken verfallen könnte. Das Znaymer Fürstenthum behielt er für sich; und das übrige Mähren theilte er unter vier andere Prinzen des Przemislischen Stamms ein: den Titel eines Markgrafen von Mähren aber ließ er für itzt erlöschen.

Konrad Otto war vorzüglich darauf bedacht, mit den Deutschen Kaisern in gutem Vernehmen zu stehn: Als daher Kaiser Friedrich I. einen Kreuzzug unternahm; ließ er sein Heer durch Böhmische Hülfsvölker verstärken, welche Theobald, ein Sohn des braven

ven Theobald unter König Wladislaw, befehligte. Dieser Prinz fand auch auf diesem Kreuzzuge seinen Tod, so wie Kaiser Friedrich selbst. Auch dem Nachfolger desselben auf dem Kaiserthrone Heinrichen VI. leistete Konrad Otto wichtige Dienste. Er bekriegte erstens ihm zu Gefallen den Markgrafen von Meissen. Dann als der Kaiser einen Zug nach Italien unternahm um die Königreiche Neapel und Sizillien, deren rechtmäßige Erbinn seine Gemahlinn Konstanzia war, zu erobern, begleitete ihn Konrad Otto mit Böhmischen Hülfsvölkern selbst dahin. Da man aber die Stadt Neapel belagerte, rieß bey dem Kriegsheere die Pest ein, die unter andern auch unsern Herzog hinwegrafte. Konrad Otto starb also, da er zwey Jahre regieret hatte, im J. 1191.

XLIII.

XLIII.

Wenzel, und Przemisl hintereinander eingesetzt und vertrieben. Heinrich Brzetislaw Herzog und Bischof zugleich.

Wenzel oder Waczlaw war nun der älteste Prinz vom Hause, und bestieg also den Herzoglichen Thron. Aber er saß nicht lange ruhig auf demselben. Przemisl Ottokar Herzog Friedrichs Bruder strebte nach der höchsten Würde, und er war schon darum ein fürchterlicher Nebenbuler, weil er als Anführer der Böhmen im Mährischen Kriege ihre Liebe erworben hatte. Denn die Böhmen sahen immer gern Helden auf ihrem Throne. Hiezu kam noch die Herrschsucht des damaligen Prager Bischofs Heinrich Brzetislaws, der ebenfalls ein Prinz des Herzoglichen Hauses war. Derselbe hatte sich schon unter Friedrichen eines dem Landesfürstlichen gleichen Ansehens angemaßt. Dieses leichter zu behaupten, wollte er itzt einen Herzog machen, der sich hernach

nach aus Dankbarkeit von ihm regieren ließe. In dieser Absicht empfahl er dem Kaiser Przemisln, und versprach ihm 6000 Mark, das ist: 120000 Gulden. Heinrich, der überhaupt ein niedriggeiziger Mann war, willfahrte ihm. Die kaiserliche Ernennung vermehrte Przemisls Muth, der mit seinen Anhängern Prag belagerte; und benahm ihn Wenzeln so sehr, daß er das Herzogthum im vierten Monate verließ, und nach Meißen floh, wo ihn der Markgraf Albrecht, Przemisls Freund, gefangen setzte.

So war Przemisl im Besitz. Aber wer sollte itzt dem Kaiser die 6000 Mark zahlen? Przemisl konnte, und die Nazion wollte nicht. Der Bischof stellte sich dem Kaiser als Bürge. Er besaß die Kunst sich einzuschmeicheln. Zugleich war mittlerweile, wie das mit allen Leidenschaften geschieht, seine Herrschsucht merklich gestiegen. Sonst wollte er nur Herzoge machen, itzt wollte er selbst Herzog seyn. Er schwärzte Przemisln bey dem Kaiser als einen unruhigen Kopf an; und wuste sich so schön zu machen, daß der Kaiser ihn selbst, da er ohnehin ein Prinz vom regierenden Hause und nach Wenzeln der älteste war, zum Herzog

zog ernannte, ihm die 6000 Mark nachließ, und noch dazu ein Kriegsherr mitgab.

Przemisl kam Heinrich Brzetislawn, da er in Böhmen einrückte, mit einem Heere entgegen. Aber da es zum Schlagen kommen sollte, lief alles zu seinem Feinde hinüber. Es scheint, daß man sich von der Regierung eines Geistlichen goldene Berge versprochen hat. Auch das mag auf die Böhmen gewirket haben, daß sie nun sicher waren, wenn Heinrich Brzetislaw ihr Herzog wäre, würde der Kaiser die 6000 Mark von ihnen nicht mehr fodern.

Nun hatten also die Böhmen einen Herzog der zugleich ihr Bischof war. Bischof wollte er bleiben, damit ein anderer Bischof ihm nicht etwa das thäte, was er selbst Herzog Friedrichen gethan hatte, und seines gleichen seyn wollte. Obschon ein Geistlicher; führte er doch Kriege, und dieses mit vieler Unmenschlichkeit. Dem Kaiser zu Gefallen fiel er in Meissen ein, hausete dort barbarisch, plünderte und verbrannte Kirchen und Klöster. Freylich beweinte er hernach diese Abscheulichkeiten in einer Versammlung von Geistlichen; aber waren seine Thränen Ersatz für das Uebel, was er angerichtet hat? Nebst

die=

dieser Grausamkeit im Kriege, tadelte man auch seine Kargheit. Hingegen war er gegen jedermann sehr leutselig; und seine Regierung war im Ganzen für den Staat vortheilhaft. Er starb im Jahre 1196.

Es war unter ihm, daß ein Kardinal Nahmens Petrus als Päbstlicher Abgesandter nach Böhmen kam. Man empfing ihn mit vieler Ehrfurcht, weil man nicht wuste, warum er käme. Er versammelte nun die Pfarrer und andere Geistliche in der Hauptkirche zu Prag; und trug ihnen den Befehl des Pabstes vor: ihre Frauen zu entlassen, und nicht mehr, wie es in Böhmen noch gewöhnlich war, zu heurathen. Die guten Männer hatten ihre Frauen so lieb, daß sie dem Kardinal, der sie ihnen nehmen wollte, mit Stühlen und Bänken zu Leibe gingen. Er entzog sich der Todesgefahr durch die Flucht, und die Pfarrer behielten damals noch ihre theuren Hälften.

XLIV.

XLIV.

Herzog Wladislaw tretet das Land an Ottokar ab. Ottokar I. König. Er hält es erst mit Kaiser Philipp, dann mit Otto IV.

Nach dem Tode dieses Bischofherzogs ward Böhmen mit einem bürgerlichen Kriege bedroht. Der von ihm verdrungene Przemisl, strebte nach dem eher besessenen Thron. Aber die Großen, die ihn verlassen hatten, fürchteten seine Rache, und trugen die Regierung seinem jüngern Bruder Wladislaw auf. Przemisl rüstete sich also zum Kriege. Wladislaw hatte eine hinreichende Macht beysammen um seinem Bruder Trotz zu biethen. Aber ein Krieg zwischen Brüdern, und in welchem von beyden Seiten Böhmisches Blut flöße, that seinem edlen Herzen zu wehe. Er ging seinem sich Prag nähernden Bruder mit einem kleinen Gefolge entgegen, umarmte ihn, und trat ihm das Herzogthum freywillig ab. Przemisl trug ihm dafür auf der Stelle Mähren

ren an. So versöhnten sich beyde Brüder zu Böhmens Heil, und blieben seit der Zeit Freunde.

Die Lage der Sachen im Deutschen Reiche gab unserm neuen Herzog — ob er schon eigentlich Przemisl Ottokar hieß; so nennt man ihn gewöhnlich und kürzer doch nur Ottokar — Gelegenheit eine bedeutende Rolle zu spielen. Nach Kaiser Heinrichs VI. Tod hatte man seinen Bruder Philipp zum Kaiser gewählet. Von dem Pabste, der dem Hause Hohenstaufen, aus dem bis itzt drey Kaiser gewesen sind, Feind war, aufgehetzet, setzten einige Fürsten Philippen den Herzog von Braunschweig Otto entgegen. Ottokar ergriff Philipps Parthey mit so viel Eifer, daß er selbst um die Zeit, da sich derselbe zu Maynz krönen ließ, mit einem Böhmischen Heere dort erschien, bereit dessen Gegner, wo es immer nöthig seyn würde, zu bekriegen. Darüber entzückt, erklärte Philipp Ottokarn zum König. Dieses geschah im J. 1198, und muß darum vorzüglich gemerkt werden; weil Böhmen von dieser Zeit an ein Königreich ist, und alle unsere künftige Regenten nicht mehr Herzoge sondern Könige sind.

D

XLIV. Brief.

Ob aber gleich der neue König wider Philipps Feinde, besonders wider Erzbischof Adolfen von Köln, einen Zug wirklich unternommen hat; so zerfiel er doch bald darauf mit Philippen, und trat zu Otten IV. über. Die Veranlassung macht unserm König wirklich Schande. Er verstieß seine Gemahlinn Adela. Ihr Bruder Markgraf Dietrich von Meissen empfand diese Beschimpfung seines Geschlechtes gar sehr, und klagte bey Kaiser Philippen. Philipp achtete es nicht, daß er einen so mächtigen Anhänger zu verlieren Gefahr laufe. Er wollte seinen Abscheu vor der schlechten Handlung Ottokars an Tag legen, und entsetzte ihn des Königreichs. Freylich hat er sich hier eines Rechtes über Böhmen angemaßt, was er nicht hatte; weil die Beherrscher Böhmens nur Bundesgenossen, nicht Vasallen der Deutschen Kaiser waren. Aber ähnliche Schritte seiner Vorfahren schienen ihm dieses Recht zu geben. Und um seine Absetzung geltend zu machen, sprach er das Land Theobalden, einem Enkel des braven Theobald, den Sie wohl noch aus der Geschichte König Wladislaws kennen, zu. Dieser Jüngling — er studirte noch zu Magdeburg — mehr feurig, als klug, unternahm auch

auch die Eroberung des ihm zugesprochenen Königreichs. Markgraf Dietrich von Meissen gab ihm einiges Kriegsvolk, und mit diesem brach Theobald in Böhmen ein. Aber Ottokar warf ihn ohne große Mühe bald wieder zum Lande hinaus. Indeß hatte Pabst Innozenz III. an Ottokarn geschrieben, und ihm zugemuthet, die Parthey Philipps zu verlassen, und sich zu Otten IV. zu schlagen. Ottokar, der ohnehin wider Philippen aufgebracht war, war auch ganz willig dazu. Und um sich an Philippen recht nachdrücklich zu rächen, ging er mit einem Heere nach Thüringen, und vertheidigte den Landgrafen dieses Landes Herrmann, einen Anhänger Otto's, wider Philipps Angriffe mit glücklichem Erfolge.

XLV.

Ottokar fällt zweymal von Otto dem IV. ab. Ist ein Anhänger Friedrichs II. Erhält von dem Letztern den Majestätsbrief.

Ottokarn sich noch mehr zu verbinden, erklärte ihn Otto IV. auf dem Reichstage zu Merseburg ebenfalls für einen König. Er wollte dadurch zugleich zu verstehen geben, daß die Ertheilung der Königswürde durch Philippen eine ungültige Handlung war. Otto setzte Ottokarn die Krone selbst auf, nachdem ihn der päbstliche Bothschafter Kardinal Guido eher gesalbt hatte. Ottokar gewann das dabey, daß ihm nun auch der Pabst den Königstitel gab; was derselbe, weil er Philippen für einen Afterkaiser ansah, eher nicht gethan hat.

Bey allen dem blieb Ottokar Kaiser Otten nicht getreu. Das Kriegsglück erklärte sich für Philippen; und einer seiner Anhänger, Otto von Wittelspach, fügte unserm Ottokar einigen Verlust zu. Viele Fürsten mu-

mußten sich Philippen unterwerfen, einige traten freywillig zu ihm über; so daß dessen Parthey nun offenbar die stärkere war. Ottokar besorgte daher einen Angriff auf Böhmen. Sein Freund Herzog Ludwig von Bayern — er hatte eine Nichte Ottokars aus seinem Bruder Friedrich, die durch ihre Schönheit, Witz, und Herzensgüte gleich berühmte Ludmilla, zur Gemahlinn — drang ebenfalls in unsern König, sich wieder für Philippen zu erklären. Die Wiederaussöhnung erfolgte nun um so eher, weil der eigentliche Stein des Anstosses aus dem Wege geräumt war. Adela hatte sich in ihr Schicksal ergeben, und das Klosterleben gewählt. Philipp nahm das Urtheil der Entsetzung zurück, und Ottokar Prinzen Theobald zu Gnaden auf. Die neue Freundschaft noch mehr zu befestigen, ward die Tochter des Kaisers Kunegund an Ottokars Sohn aus Konstanzia einer Hungarschen Prinzeßinn, die er nach Adelens Verstossung geheurathet hatte, verlobt; ungeachtet dieser Prinz nur zwey Jahre alt war.

Nun hatte Philipp vollends die Oberhand in Deutschland, bis ihn Otto von Wittelspach ermordet hat. Itzt ward Otto IV. allgemein als Kaiser anerkannt. Da er aber

XLV. Brief.

im Jahre 1210 mit dem Pabste sich überworfen hat; verliessen ihn die meisten Fürsten, und unter ihnen auch unser Ottokar. Selbst viele Böhmische Große legten das so übel aus, daß sie sich zu Otten nach Nürnberg begaben, und sich mit demselben in ein Einverständniß wider ihren König einliessen. Otto wagte es daher, ihn auf öffentlichem Reichstage des Königreichs zu entsetzen; aber er war viel zu ohnmächtig um die Entsetzung geltend zu machen.

Friedrich II., Heinrichs VI. Sohn war es, den man Otten dem IV. entgegen gesetzt hat; als welchem man schon, als er geboren ward, die Nachfolge auf dem Kaiserthron mit einem Eide versprochen hatte. Man brach nach seines Vaters Tod von der Seite der Deutschen Fürsten diesen Eid unter dem lächerlichen Vorwand: Friedrich sey damals noch nicht getauft gewesen; und einem Ungetauften sey man nicht schuldig Wort zu halten. Da nun itzt König Ottokar unter den ersten sich für Friedrichen erkläret hat; so stellte derselbe, da er allenthalben in Deutschland den Meister spielte, auf dem Reichstage zu Basel 1212, als ein Denkmal seiner Dankbarkeit einen sogenannten Majestätsbrief aus.

In

In diesem gesteht er, daß er die Kaiserwürde dem Eifer Ottokars zu danken habe; bestättigt Ottokarn und allen seinen Erben, die ihnen von seinem Oheim Kaiser Philipp ertheilte königliche Würde; räumet den Königen von Böhmen viele Vorrechte ein; und verbindet sie dagegen nur, 300 Mann zu stellen, wenn ein Kaiser nach Rom zieht, oder 300 Mark dafür zu entrichten, und die von dem Kaiser ausgeschriebenen Reichstage dann zu besuchen, wenn sie in Städten gehalten würden, welche nicht zu weit von Böhmen entfernt sind, als: Nürnberg, Bamberg, oder Merseburg. Zugleich schenkte der neue Kaiser unserm König und seinen Nachfolgern: Floß in der Oberpfalz, Dohna im Meißnerlande, und einige andere Orte in beyden Ländern als Eigenthum.

XLVI.
Die Primogenitur eingeführet. Ottokars I. Tod.

Bisher hatte in Böhmen das Gesetz des Seniorats bestanden, ob man gleich, wie es mit

mit den menschlichen Gesetzen nun immer zu gehen pflegt, häufig dawider gehandelt hatte; unter Ottokar I. ward dafür die Primogenitur eingeführet. Das ist: es ward festgesetzet, hinfort sollte immer der erstgeborne Sohn des Letztregierenden der Thronfolger seyn.

Sie haben es noch nicht vergessen, lieber Karl! daß Ottokarn sein jüngerer Bruder Wladislaw, um einem innerlichen Kriege vorzubeugen, die Regierung abgetreten hat. Eine jede schöne Handlung, mein Bester! gibt ein Recht eine noch schönere zu erwarten; erwarten sie sie also getrost von dem edlen Wladislaw. Er war einst groß genug aus Friedensliebe von einem Throne herabzusteigen; itzt wollte er noch größer seyn, und benahm sich selbst die gegründete Hofnung diesen Thron einst wieder zu besteigen. Dazu gab ihm das bis itzt bestehende Seniorat das Recht; weil er nach dem regierenden König Ottokar der älteste Prinz vom Hause war. Aber er gönnte vielmehr die Nachfolge dem Sohne seines Bruders; und machte Ottokarn selbst den Antrag, die Primogenitur einzuführen. Die Großen der Nazion wurden selbst durch Wladislawn zur Genehmigung bewogen;

und

und das ganze Volk freute sich dieser Abänderung um so mehr, weil aus dem Seniorat bisher so viele blutige Unruhen entstanden waren. So ward Ottokars Sohn Wenzel sogleich zum Nachfolger erkläret, und schon zum voraus gekrönet.

Unter die weisen Einrichtungen Ottokars I. gehöret auch die, daß er die Geistlichen so gut Steuern und Gaben zahlen hieß, wie die Weltlichen. Denn die Steuerfreyheit, welche die Geistlichkeit damals genoß, war schon darum höchst ungerecht; weil eben darum, weil die Geistlichen nichts von ihren Gütern und Vermögen zahlten, die Weltlichen von dem Ihrigen zu viel zahlen musten. Aber so gut das Vorhaben Ottokars war; so muste er es doch wieder aufgeben, weil der Prager Bischof Andreas das Volk beynahe wider ihn zur Empörung gereizet hat, indem er allen Gottesdienst im ganzen Lande untersagte.

Ottokars edler Bruder Wladislaw starb vor ihm; ohne einen Sohn zu hinterlassen. Ottokar gab also Mähren seinem eigenen zweyten Sohne, der auch Wladislaw hieß; und da auch dieser gestorben war, dem dritten Przemisl.

Kö=

König Ottokar selbst starb im Jahre 1230 nach einer Regierung von 32 Jahren. Die Geschichtschreiber jener Zeiten gaben ihm die Beynahmen, des Siegreichen, und des Goldenen. Große Siege, den in Mähren vor seiner Thronbesteigung ausgenommen, hat er eben nicht erfochten. Ja er vermied durch seine ganze Regierung so viel möglich, alle Kriege, und in jenem, an welchem er Theil nehmen mußte, zwischen den Kaisern Philipp und Otto, schonte er Blut, und wagte keine Hauptschlacht. Auch war er nie zu bewegen das Kreuz anzunehmen. Dieser König war also nicht einmal ein kriegerischer Fürst. Aber seine ganze Regierung beförderte den innern Flor seines Landes gar sehr, er verschafte dem Staat von Böhmen durch seinen Einfluß auf Deutschlands Angelegenheiten auswärts Ansehen, und befestigte durch die Einführung der Primogenitur seine innere Ruhe für die Zukunft; wer wird so einem Fürsten den Beynahmen des Goldenen nicht gern geben? Wenigstens ist ein weiser, friedliebender, und thätiger Herrscher, für eine Nazion so viel als Gold und Schätze.; denn diese kann sie unter ihm gar leicht erwerben, und, wenn sie

sie

sie schon eher besessen hat, beträchtlich vermehren.

XLVII.

König Wenzels I. Regierungsantritt. Händel mit Herzog Friedrich dem Streitbaren von Oesterreich.

Wenzel I. Ottokars Sohn, schon eher gekrönet, bestieg nun den Böhmischen Thron. Herzog Friedrich von Oesterreich, ein sehr unruhiger Fürst, griff Mähren an; zu dessen Rettung Wenzel herbey eilte, als es Friedrich, durch den Einfall der Hungarn in Steyermark gezwungen, wieder verließ. Während des darauf erfolgten kurzen Friedens wollte Pabst Gregor IX. unsern König zur Theilnahme an dem Kriege wider die Sarazenen bewegen; er war aber zu klug, sich überreden zu lassen. Bald brach Friedrich von Oesterreich wieder den Frieden, und fiel Hungarn an, dem Wenzel beyspringen muste; denn dieses Reich war mit ihm im Bunde: darauf ward abermals auf eine kurze Zeit Friede. Doch, da im
Jah=

Jahre 1236 Kaiser Friedrich II. Herzog Friedrichen von Oesterreich, wegen der Klagen einiger seiner Landsassen über die drückende Regierung, und seiner Nachbarn über sein unruhiges Betragen, dann wegen der Weigerung dem Kaiser Völker nach Italien zuzuführen, in die Reichsacht erkläret. — Das ist: er hatte ihm alle Vorrechte, und alle Länder, die er als Reichsfürst besaß, feyerlich abgesprochen. — Eine gewöhnliche Strafe der Deutschen Reichsfürsten, wenn sie sich wider Kaiser und Reich vergehen — ging der Krieg wieder an: denn so oft ein Fürst in die Reichsacht erkläret, oder, wie man es kürzer sagt, geächtet wird; so wird auch einem oder dem andern Fürsten die Vollstreckung, oder Exekuzion der Acht aufgetragen. — Das ist: der Kaiser befiehlt einigen Fürsten, den Geächteten zu bekriegen, und ihm sein Land wegzunehmen. Die Vollstreckung der Reichsacht wider Herzog Friedrichen ward nun allen seinen Nachbarn, und folglich auch unserm Könige aufgetragen.

Wenzel fiel also mit seinen Böhmen von Mähren aus in Oesterreich ein, und richtete dort schreckliche Verheerungen an. Da sich Herzog Otto von Bayern mit ihm vereinigte, und

der

der mißvergnügte Oesterreichsche Adel sich zu den Feinden schlug; öfnete ihnen auch die Stadt Wien, wie das Friedrich, um ihrer Verwüstung vorzubeugen, ihr selbst gerathen hatte, die Thore. Bald ging auch das ganze Land verloren, bis auf die Festung Neustadt, in welche sich der Herzog selbst eingeschlossen hatte. Nun kam Kaiser Friedrich selbst ins Land. Wien ward für eine freye Reichsstadt erkläret, die Länder Oesterreich und Steyermark wurden dem Reich einverleibet. Aber kaum war der Kaiser wieder fort; als Herzog Friedrich, aus Neustadt herausfiel, und einen Theil seiner Feinde schlug. Seine Standhaftigkeit im Unglück gewann ihm die Liebe seiner ehemaligen Unterthanen. Die Bürger von Wien wollten nichts mehr von Reichsfreyheit wissen; zwangen den kaiserlichen Statthalter ihre Stadt zu verlassen, und unterwarfen sich ihrem alten Herrn aufs neue.

Herzog Friedrich war auch mittlerweile so klug, den Bund seiner Feinde dadurch zu schwächen, daß er den Mächtigsten derselben davon trennte, indem er ihm vortheilhafte Anerbiethungen machte. Er versprach dem Könige von Böhmen den Theil Oesterreichs, der sich von Böhmens, und Mährens Gränze bis an die Donau erstreckt, abzutreten, und räumte ihm auch sogleich eine Stadt an der Mährischen Gränze Nahmens: Laa ein; wenn er ihn nicht mehr bekriegen würde. König Wenzel, der ohnehin mit dem Kaiser nicht mehr auf dem besten Fuße stund — im nächsten Briefe werden sie hören warum? — war ganz willig dazu. Nun war Herzog Friedrich im Stande, seine übrigen Feinde zum Lande hinaus zu jagen: aber gegen Wenzeln hielt er sein Wort nicht, wie wir hören werden.

XLVIII.

Wenzel zerfällt mit Kaiser Friedrich II.

Das gute Vernehmen König Wenzels mit Kaiser Friedrichen ward durch des Letztern Irrungen mit dem Pabste erschüttert. Die Päbste sind zugleich Fürsten eines beträchtlichen Theiles von Italien; über welches Land die Kaiser von alten Zeiten her die Oberherrschaft hatten. Den Päbsten war kein Oberherr

herr lieb; sie trachteten es also dahin zu bringen, daß das ganze Ansehen des Kaisers in Italien bloß in einem leeren Titel bestehen möchte. Von Friedrichen II. musten sie befürchten: er würde sich mit dem Titel allein nicht begnügen. Er besaß in Italien selbst, als eine Erbschaft seiner Mutter Konstanzia, die schönen Königreiche, Neapel und Sizilien; und war also mächtig genug, sich als wirklichen Oberherrn zu zeigen. That es auch, indem er viele Italienische Staaten, besonders in der Lombardey, mit den Waffen zur Unterwerfung zwang. Da wurde nun dem Pabst vor ihm auch bange: und weil derselbe als weltlicher Fürst nicht mächtig genug war, dem Kaiser zu widerstehen, beschloß er nun die geistliche Macht, die er als der oberste Bischof der ganzen Christlichen Kirche besaß, wider ihn zu gebrauchen. Ein Vorwand war bald gefunden. Schon als er zum Kaiser gekrönt worden, hatte Friedrich II. sich durch einen Eid verbunden, einen Kreuzzug zur Eroberung des heiligen Landes vorzunehmen. Da er ihn bis itzt verschoben hatte, so nahm der Pabst daraus Anlaß, ihn als einen Eidbrüchigen anzusehen. Ohne die gegründeten Entschuldigungen: daß, wenn man etwas aus-

rich-

richten wollte, man erst gute Anstalten treffen müste, die viele Zeit wegnahmen; und daß der Kaiser nicht eher nach dem gelobten Lande ziehen könnte; als bis er die unruhigen Lombarder zu Paaren getrieben hätte; ohne, sage ich, diese Entschuldigungen in Betrachtung zu ziehen, that Pabst Gregor IX. Kaiser Friedrichen in den Kirchenbann. Sie werden hier wohl fragen, was der Kirchenbann sey? Eigentlich nichts, als eine Ausschliessung von der Gemeinschaft mit den übrigen Christen im geistlichen Verstande, so daß der Exkommunizirte dem Gottesdienst nicht beywohnen, und keine Sakramente empfangen darf. Aber, da man glaubte: einer der im Bann wäre, oder ein Exkommunizirter, höre auf ein Christ zu seyn; und gegen einen Nichtchristen habe man gar keine Pflichten mehr; so war in jenen Zeiten der Kirchenbann eine gefährliche Sache für die Fürsten, weil ihre Unterthanen sich dann für berechtigt hielten, ihnen den Gehorsam aufzusagen.

Der Bann wider Friedrichen, machte auf die meisten Fürsten seiner Zeit eine nachtheilige Wirkung, weil sie so abergläubisch waren, dafür zu halten: der Pabst könne auch, wenn er sich einer Gewalt anmaßt,

die

die ihm nach dem ächten Geiste der Religion gewiß nicht zusteht, doch nie unrecht haben. Unter diese Fürsten gehörte, leider! auch König Wenzel, der von dem Kaiser abfiel. Hingegen söhnte sich Herzog Friedrich von Oesterreich mit demselben wider aus, und blieb ihm seit der Zeit getreu, ohne den Zorn des Pabstes zu achten. Auch wollte er nun von der Abtretung des versprochenen Antheils von Oesterreich an den König von Böhmen nichts mehr wissen, weil dieser Fürst mittlerweile ein Feind des Kaisers geworden war; darüber kam es zum Kriege, in welchem Wenzel weder Ruhm noch Vortheil einärndtete. Er that nichts, als Oesterreich, wie ein Räuber, verheeren; indeß die Stadt Laa sich wider ihn empörte, und wieder in Friedrichs Hände kam. Bischof Konrad von Freysingen vermittelte indessen einen Frieden. Mit Kaiser Friedrichen söhnte sich Wenzel nicht aus: doch kam es zu keinen Thätlichkeiten.

XLIX.

XLIX.

Großer Sieg über die Tartarn.

Unter Wenzels I. Regierung gerieth der Staat von Böhmen in die Gefahr der Raub eines fürchterlichen Feindes zu werden; und die Weisheit, mit der ihn Wenzel rettete, gereicht ihm zum ewigen Nachruhm.

Ein Asiatisches Volk, das man gewöhnlich die Tartarn nennt, aber eigentlich die Mongolen nennen sollte, hatte fast ganz Asien erobert; und brach darauf auch in Europa ein. Rußland unterjochten diese wilden Krieger zuerst, dann verheerten sie ganz Polen. Umsonst widerstunden ihnen im heutigen Schlesien einige Herzoge dieses Landes mit den Deutschen Rittern vereinigt. Das Christliche Heer ward ungeachtet aller Tapferkeit bey Wallstadt geschlagen. Nun bedrohten die stolzen Sieger Hungarn, Böhmen, und das Deutsche Reich zugleich. Der Hungarsche König Bela bat den Kaiser und den Pabst um Hülfe; welche miteinander gerade entzweyt waren. Der Kaiser, der alle Hände voll zu thun
hat=

hatte, um sich wider die Päbstlichen Anhänger in Italien zu vertheidigen, konnte nicht
mehr thun, als ein mäßiges Heer an den
Gränzen Oesterreichs zum Schutze des Deutschen Reiches aufstellen; und alle Fürsten
der Christenheit zur Abwendung der gemeinschaftlichen Gefahr einladen. Der Pabst
schickte dem König Bela einige Geistliche, die
vielleicht die Feinde durch ihre Predigten zu-
rückhalten sollten. So blieb Hungarn ohne
Hülfe; und der König und Anführer Bathu
bemächtigte sich ganz desselben.

Eben dieser Bathu hatte seinen Feldherrn Peta zurückgelassen, um aus dem heutigen Schlesien in Böhmen oder Mähren einzubrechen. König Wenzel, der die Gefahr für
beyde Länder sah; traf die besten Vorkehrungen, um sie abzuwenden. Er ließ da, wo
Böhmen mit Schlesien gränzet, Verhaue machen, das ist: die Bäume in den Wäldern
umhauen, damit die Strassen durch dieselbe
unwegsam würden; und die engen Gebirgs-
päße gut besetzen. Wirklich traute sich Peta
hier nicht durchzubrechen; und wandte sich
nach Mähren. Dorthin hatte der König den
Böhmischen Reichsbaron Jaroslaw von Sternberg mit 8000 Böhmen abgeordnet. Er zog

noch 4000 Mährer an sich, und warf sich in Ollmütz. Pata's ungeheures Heer erschien vor dieser Stadt, und foderte die Böhmen mehrmals zum Streite auf. So tapfer Sternberg alle Stürme abschlug, so sehr hatte er den Seinigen alle Ausfälle verbothen. Das sahen die Tartarn für Zaghaftigkeit an; wurden sicher, und vernachläßigten alle Zucht und Ordnung im Lager. Itzt fiel Sternberg unvermuthet aus der Stadt. Die Feinde hatten kaum Zeit sich auf die Pferde zu schwingen; Peta selbst ward gleich Anfangs von Sternbergs Hand todt hingestreckt; worauf die Seinigen vollends in Unordnung geriethen. Sie erlitten, obschon über 200000 Mann stark, von 8000 Böhmen und 4000 Mährern eine gänzliche Niederlage. Diesen Sieg erfocht Jaroslaw von Sternberg den 25ten Heumonats 1241, und rettete dadurch Böhmen, und selbst das Deutsche Reich.

Die Ueberbleibsel des geschlagenen Heeres flohen nach Hungarn, wo Bathu noch immer den Meister spielte. Dieser fiel nun in Oesterreich ein. In der gemeinschaftlichen Gefahr vergaßen König Wenzel, und Herzog Friedrich ihrer Feindschaft, und verbanden sich zum wechselseitigen Beystande. Indeß die Tartarn

tarn Wienerischneustadt heftig aber fruchtlos belagerten; rückte aus Mähren ein Böhmisches Heer in Oesterreich ein, und vereinigte sich mit Herzog Friedrichs und andern Deutschen Völkern. Der bloße Anblick dieses Heeres, vielleicht auch die Erinnerung an die bey Ollmütz erlittene Niederlage, schreckte die Tartarn. Sie zogen sich durch Hungarn, und andere Länder an der Donau, bis in ihre Rußischen Eroberungen zurück.

Ich muß noch anmerken, daß König Wenzel dem Sieger Jaroslaw schöne Ländereyen in Mähren geschenket; und derselbe dort eine Stadt gebauet, die er von seinem Geschlechtsnahmen Sternberg genannt hat: ein Nahme, den sie noch führet.

L.
Wenzel bricht gänzlich mit Kaiser Friedrichen.

Bey Herzog Friedrichs Anhänglichkeit an Kaiser Friedrichen, der in den Augen unsers Wenzels ein Aufrührer wider die Kirche war, konnte die Freundschaft zwischen Böhmen und

Oesterreich nie dauerhaft seyn. Auch itzt kam es wieder zum Kriege. Im Jahre 1245 fielen die Oesterreicher in Mähren ein, aber König Wenzel jagte sie bald wieder heraus. Hingegen wurden die Böhmen, als sie in Oesterreich eingefallen waren, auch wieder geschlagen. Es ward darauf Friede, und blieb es; weil der unruhige Herzog Friedrich in einer Schlacht wider die Hungarn sein Leben verloren hat.

Mittlerweile hat Pabst Innozenz IV. den Kirchenbann wider Kaiser Friedrichen erneuert, und sich so gar unterstanden, ihn des Kaiserthums zu entsetzen. Seine Entsetzung, so ungerecht sie war, geltend zu machen, legte er es den Wahlfürsten des Deutschen Reichs, und insbesondere dem König von Böhmen, als dem mächtigsten aus ihnen, zur Nachlassung der Sünden auf: einen andern Kaiser zu wählen. Wenzel stund an, und nahm noch keinen Antheil daran, als einige andere Fürsten den Landgrafen Heinrich von Thüringen wählten, welchen man nur den Pfaffenkönig nannte; weil ihm fast nur geistliche Fürsten anhingen. Da aber Heinrich bald darauf starb; wuste der Pabst unsern Wenzel, vermuthlich durch die Hofnung, die er ihm damals

mals schon machte, die seit Herzog Friedrichs Tod erledigten Länder: Oesterreich und Steyermark, an sein Haus zu bringen; ganz wider Friedrichen einzunehmen. Er half also einen neuen Afterkaiser wählen. Dieser war Wilhelm Graf von Holland ein Jüngling von zwanzig Jahren. Man konnte damals keinen Deutschen König krönen, der noch nicht Ritter war — denn nur ein Ritter konnte im Kriege ein Heer anführen, was damal eine fast unnachläßliche Pflicht der Könige gewesen ist — der junge Wilhelm ward also vor seiner Krönung zum Ritter geschlagen; und unser König als der angesehenste aus allen anwesenden Fürsten, verrichtete den Ritterschlag; das ist: er berührte Wilhelms Schulter mit dem entblößten Schwerte.

Wenn man schon hieraus sah, daß König Wenzel mit Kaiser Friedrichen völlig gebrochen habe; so gab er bald darauf noch einen stärkern Beweis seiner Feindschaft gegen denselben. Sonst hatte man wider die Ungläubigen, die keine Christen waren, das Kreuz geprediget. Itzt ließ es der Pabst wider Kaiser Friedrichen predigen. Die Kreuzprediger — man nahm immer Bettelmönche dazu — kamen auch nach Böhmen; und König
Wen-

Wenzel schämte sich nicht das Kreuz zu nehmen; und verleitete die Großen des Landes ein Gleiches zu thun. Aber die Letztern legten es bald wieder ab. Entweder weil sie Friedrichs Tapferkeit und Kriegsglück fürchteten, oder weil sie sich von der Gerechtigkeit seiner Sache überzeugt haben. Da es der Prager Bischof Niklas mit ihnen hielt; so hat er gewiß die Exkommunikazion des Kaisers für ungerecht angesehen. Der König war nun über seine Großen aufgebracht; und klagte bey dem Pabste. Innozenz gab den benachbarten Bischöfen von Regensburg und Meissen Befehl, diesen Widerspenstigen den Gottesdienst zu untersagen. Aber da dieselbe den Bischof auf ihrer Seite hatten, kehrten sie sich nicht daran; denn dieser fuhr fort den Gottesdienst zu halten. Nun schickte der Pabst einen Dominikaner Nahmens Gotrimund nach Böhmen, der den Bischof selbst in seinem Nahmen exkommuniziren muste. Aber diese geistlichen Waffen fruchteten wenig, weil ihnen die Großen weltliche entgegen setzten.

LI.

Aufruhr des Prinzen Ottokar.

Die Verschiedenheit der Denkungsart über eine Sache, die im Grunde Böhmen nichts anging, hatte einen bürgerlichen Krieg in Böhmen zur Folge. Die Großen des Landes beschuldigten den König, daß er sie zwingen wolle, dem Pabst zu gefallen den rechtmäßigen Kaiser zu bekriegen; und daß man darum die Regierung nicht länger in seinen Händen lassen könne. Sie trugen sie also seinem Sohne Przemisl Ottokar, oder kürzer Ottokar auf, der nach dem Tode seines ältern Bruders Wladislaw Thronfolger war, und auch das Markgrafthum Mähren besaß. Der herrschsüchtige Prinz nahm die Regierung auch an: beynahe Alles fiel ihm zu, und König Wenzel fand mit Noth eine sichere Zuflucht in dem festen Schloße Klingenberg, böhmisch Zwikow. Er erhielt endlich aus Meissen, aus Oesterreich, und selbst aus Hungarn einige Hülfsvölker; mit diesen vereinigten sich die Treugebliebenen aus den Böhmen. Itzt

ging

ging der König auf seinen aufrührischen Sohn los; schlug ihn bey Brüx, und zwang ihn nach Prag zu flüchten. Auch die Hauptstadt unterwarf sich dem nachrückenden Sieger wieder; nur in dem Schloße hielt sich Ottokar noch eine Zeit. Aber bald bat er mit seinem ganzen Anhang den Vater um Gnade. Wenzel zeigte sich willig zur Verzeihung; vielleicht nur zum Scheine, denn in kurzer Zeit darauf belegte er den eher zu Gnaden aufgenommenen Sohn mit dem Kerker. Härter verfuhr er mit seinen Anhängern, die man freylich eigentlich seine Verführer nennen sollte. Einige derselben wurden geköpft, und andere gerädert. Unter den Hingerichteten, war einer der Großen des Landes Nahmens Ctibor, von dessen Weisheit die ganze Nazion eine so große Meinung hatte, daß sie ihm durchgängig den Beynahmen: Mudra Hlawa, auf deutsch: der kluge Kopf, gegeben hat. Ein wahrer Weiser, mein guter Karl! war er gewiß nicht; denn er pflegte zu sagen: Gott hätte ihn bey der Erschaffung der Welt immer zu Rath ziehen können! verträgt sich wahre Weisheit mit Stolz und Eigendünkel? Man muß immer wissen, daß man noch unendlich vieles nicht weis; und dann ist man

ein

ein schätzbarer, das ist: ein bescheidener Weiser.

Daß Ottokar abscheulich gehandelt hat, die Waffen wider seinen Vater zu ergreifen, das brauche ich einem so guten Sohne, wie mein Karl ist, wohl nicht erst zu sagen. Und sträflich waren auch alle Großen seines Anhanges schon darum, weil sie die öffentliche Ruhe störten. Aber auch König Wenzel verdient Tadel. Dem Vergiessen des Bürgerblutes hätte er ganz leicht vorbeugen können; wenn er wider Friedrichen, der ihm nichts zu Leide gethan hatte, das Kreuz nicht angenommen, oder es zugleich mit den Großen des Landes wieder abgelegt hätte. Sein Vorfahr König Wratislaw I. hat den damaligen Kaiser Heinrich den IV. wider die vom Pabst Gregor dem VII. aufgehetzten Aufrührer mit den Waffen vertheidigt: wollte er das nicht, so hätte er wenigstens ruhig bleiben können. Er hätte sich nur nach dem Beyspiele König Ludwigs IX. von Frankreich, der doch ein so frommer Christ war, daß man ihn unter die Heiligen versetzt hat, richten dürfen, der das Betragen des Pabstes öffentlich mißbilligte. Aber vermuthlich haben Wenzeln einige unaufgeklärte Geistliche verleitet.

Man

Man weis, daß Wissehrader Domherren das Päbstliche Urtheil wider den Kaiser bey den Reichsfürsten herumgetragen haben. Wie dann einer derselben, da er es dem Bischof Rüdiger zu Passau eingehändiget, von diesem biedern Deutschen eine derbe Ohrfeige zum Bothenlohn bekommen hat.

Seit diesem Aufruhr und seiner Begnadigung nahm auch Prinz Ottokar offenbar die Parthey des Pabstes wider Kaiser Friedrichen; und bekriegte an der Spitze eines Böhmischen Heeres den Römischen König Konrad den Sohn des Kaisers, und dessen getreuen Anhänger Herzog Otten von Bayern.

LII.

Prinz Ottokar wird Herzog von Oesterreich.

König Wenzel gab einen vorzüglichen Beweis seiner Staatskunst dadurch, daß er für sein Haus eine sehr wichtige Erwerbung zu machen wuste; und damit ging es auf folgende Art zu.

Der

Der letzte Herzog von Oesterreich aus dem alten Stamme der Babenberger, Friedrich der Streitbare, war, wie sie wissen, erschlagen worden. Und nun wuste man nicht, wer im Lande Koch oder Kellner sey? wie man im Sprüchworte zu sagen pflegt. Jedermann raubte nach Belieben; denn man hatte keinen Herrn zu fürchten. Kaiser Friedrich hatte sich überall, mit von dem Pabste aufgehetzten Rebellen herum zu schlagen, und konnte sich also nicht um Oesterreich annehmen; wie er als oberster Lehnsherr hätte thun sollen. Die Großen des Landes beschlossen daher, sich einen neuen Herrn selbst zu wählen. Der letztverstorbene Herzog hatte zwey noch lebende Schwestern. Die ältere Margareth war Witwe nach dem Römischen König Heinrich dem ältesten Sohne Kaiser Friedrichs II., und lebte itzt in einem Nonnenkloster zu Trier. Die jüngere Konstanzia war mit dem Markgrafen von Meissen vermählt. Einen von ihren Söhnen wünschten die Oesterreicher zu ihrem Herrn, um so von dem Blute ihrer alten Herzoge nicht ganz abzugehen. Die Gesandten, die man deswegen nach Meissen schickte, musten durch Böhmen reisen. Sie kamen nach Prag: wurden

den von König Wenzeln mit aller Gastfreundschaft aufgenommen, und mehrere Tage hindurch bey Hofe recht herrlich bewirthet. Aber, da sie ihre Reise nach Meissen fortsetzen wollten; sagte man ihnen im Nahmen des Königs gerade heraus, daß man das nicht zugeben könne. Und Wenzel erklärte ihnen selbst: er würde weder einen Markgrafen von Meissen, noch einen andern fremden Fürsten zum Besitze Oesterreichs gelangen lassen; dafür trage er dem Lande seinen Sohn Ottokar zum Herzoge an. Sie sollten mit dieser Erklärung nach Oesterreich zurückkehren; und den Ständen zumuthen, Ottokarn ohne weiters zu ihrem Herzog anzunehmen. Die Gesandten sträubten sich zwar eine Zeit lang dawider. Aber, da einer aus ihnen, Heinrich von Lichtenstein, dem Prinzen Ottokar schon eher ganz ergeben war, welcher ihm auch als Markgraf von Mähren Nikolsburg geschenkt hatte; und König Wenzel kein Geld sparte: sahen sie endlich ein, so wie ihre Augen durch das Gold gestärkt worden sind, daß der Antrag des Königs von Böhmen zum Besten ihres Landes wäre; und reiseten nach Oesterreich zurück, um davon auch ihre Landsleute zu überzeugen. Es gelang ihnen, verschiede-

ne

ne Große, besonders einen gewißen Chunring von Weitra, für Ottokarn zu gewinnen. Zwar bildete sich eine Gegenparthey, die nun Heinrichen den Sohn Herzog Otto's von Bayern zu ihrem Fürsten haben wollte. Aber da sich die Hauptstadt Wien laut für Ottokarn erklärte, und ihrem Beyspiel alle Städte des Landes folgten; so ward er bald allgemein als Herzog erkannt.

Um die Neigung der Oesterreicher ganz zu gewinnen; entschloß er sich die ältere Schwester des letzten Herzogs zu heurathen. Margareth hatte sich aus Kummer über das Unglück ihres ersten Gemahls Heinrich, der wegen des Aufruhrs wider seinen Vater den Kaiser im Kerker gestorben war, in das Kloster begeben. Es war also nicht leicht, sie zu einer neuen Heurath zu überreden. Man machte ihr endlich begreiflich, daß sie die Ruhe ihres Vaterlandes dadurch befestigen würde; und nun war sie es zufrieden. Nach vollzogenem Beylager trat sie ihrem Gemahl das Recht ab, was sie als eine Oesterreichische Prinzeßinn auf die Länder ihres Bruders hatte. Man muß merken, daß die Herzoge von Oesterreich das Privilegium haben, daß ihre Länder, wenn sie schon Reichslehne sind, nach

Ab=

Abgang der Prinzen auch auf Prinzeßinnen fallen können.

LIII.

Krieg mit Hungarn. König Wenzels I. Tod.

Dieser neue Besitz ward bald mit den Waffen bestritten. Es war nebst den beyden Schwestern Friedrichs des Streitbaren auch eine Nichte von ihm da, Nahmens Gertrud. Diese machte nun auch Ansprüche; und da man auf dieselben nicht achtete, trat sie ihr vermeintes Recht auf Oesterreich und Steyermark an König Bela von Hungarn ab. Dieser Fürst wuste einige Steyermärker zu gewinnen, zugleich brach er selbst mit einem Heere in Steyermark ein; indeß er ein wildes in Hungarn wohnendes Volk die Kumanier theils in Mähren, theils in Unterösterreich einfallen ließ. Auch die Bayern, unwillig daß man ihren Prinzen Heinrich nicht zum Herzog gemacht hat, überzogen Oberösterreich mit Krieg. So hatte Ottokar den Feind in allen drey Ländern, die er besaß. Er ging vor

vor allem auf die Kumanier los: aber diese zogen sich mit ihrem Raube sowohl aus Mähren, als aus Oesterreich schnell zurück; und nun wandte sich Ottokar nach Oberösterreich, und nahm den Bayern die von ihnen eher eingenommenen Städte, Linz und Steyer, wieder weg. Indeß hatte König Bela in Steyermark freye Hände; und sowohl dieses, als auch weil viele Steyermärkische Große seinen Sohn zum Herzog wünschten, beförderte die Eroberung mehrerer Städte und Schlösser durch die Hungarn. Die Sorgen, die Ottokar bey seinem Regierungsantritte in Böhmen hatte, verhinderten seine Thätigkeit gegen Bela:

Denn mittlerweile war sein Vater König Wenzel I. den 22 Herbstmonats 1253 gestorben. Er hatte auf der Jagd — eine Ergötzung die er sehr liebte, und auf der er auch schon eher ein Aug durch den Ast eines Baumes verloren hat — sich eine Krankheit zugezogen, deren Folge ein so schneller Tod war, daß man ihn nicht mehr lebend nach Prag bringen konnte; sondern er starb zu Poczapel. Man muß von diesem Fürsten merken, daß er ein Dichter, und zwar ein Deutscher Dichter war; denn man findet noch

etwas

etwas von seiner Arbeit in einer Sammlung von den Gedichten der Minnesänger, das ist: derjenigen Dichter, die vorzüglich an dem Hofe und unter dem Schutze der Schwäbischen Kaiser blühten. Darüber dürfen sie sich nicht wundern, bester Karl! daß ein König von Böhmen Deutsche Verse machte. Die Regenten Böhmens hatten mit den Deutschen Kaisern, deren Bundesgenossen sie waren, und die sie sogar mit wählten, immer viel Zusammenhang; und dadurch ward die Deutsche Sprache nach und nach auch an ihrem Hofe eingeführet. Auch könnten sie fragen, was die Minnesänger für Leute waren? Minne, mein Bester! heißt in der ältern Deutschen Sprache so viel, als Liebe. Ein Minnesänger ist also ein Dichter, der von Liebe singt. Man nennt sie auch die Schwäbischen Minnesänger, eben nicht weil sie alle aus Schwaben waren; sondern weil sie zur Zeit der Schwäbischen Kaiser lebten, und dichteten. Schwäbische Kaiser aber waren die aus dem Hause Hohenstaufen, welches von ältern Kaisern mit dem Herzogthume Schwaben belehnt worden ist. Es schadet nicht, daß sie hier ihre Nahmen merken, hier sind sie: Konrad III., Friedrich I., Heinrich VI., Philipp, Friedrich II., rich II., Konrad IV. Der unglückliche Konradin beschloß endlich auf dem Schaffote diesen Kaiserstamm auf Befehl Karls von Anjou, der ihm seine Erbschaft geraubt hatte, eben so niederträchtig als grausam gemordet. Diese Kaiser nun liebten alle die Dichtkunst; ja Friedrich I., und Friedrich II. dichteten selbst. Ihr Beyspiel wirkte auf Edle, und Fürsten im ganzen Deutschen Reiche, die sich an ihrem Hofe von Zeit zu Zeit einfanden; und sich in der Dichtkunst übten, unter diesen war nun auch König Wenzel I.

LIV.

König Ottakar II. demüthigt den mächtigen Adel. Friede mit Hungarn.

Ottokar II., dessen Regierungsgeschichte ich ihnen nun erzählen werde, ist ein Fürst, auf den unsere Nazion mit Recht stolz seyn kann. Nicht ganz ohne Fehler — eine starke Kriegslust war der stärkste, der ihn endlich auch unglücklich machte — aber sonst gewiß der größte gröste Mann aus dem ganzen Przemislischen Hause.

Weil er an der Widersetzlichkeit der Großen wider König Wenzeln seinen Vater Theil genommen hatte, mochten sich dieselben von seiner Regierung versprochen haben, er würde sie thun lassen, was sie wollten; aber er scheint schon bey seines Vaters Lebzeiten alle Vorkehrungen getroffen zu haben, ihnen gleich mit dem Antritt seiner Regierung eine Macht zu entreissen, durch welche sie für ihre Mitbürger drückend, und für den König gefährlich wurden. Denn es war gewiß nach seiner Idee, daß seine Vertrauten, die sich um König Wenzeln befanden, dessen Tod verbargen, und indeß sie die Leiche in der Stille nach Prag brachten, dem abwesenden Ottokar Zeit liessen, ebenfalls dahin zu kommen. Er kam, und ließ in des Vaters Nahmen, den sie noch am Leben glaubten, die mächtigsten Reichsbaronen berufen; und, so wie sie erschienen, gefangen nehmen. Nun ward ihnen die Freyheit nur gegen die Abtretung ihrer festen Schlösser angebothen; auch erhielten sie dieselbe nicht eher, als bis sie sich dazu verstanden haben. Itzt wurden ihnen auch manche ihrer Güter entzogen. Diese
Gü-

Güter hatten sie eher der königlichen Kammer ungerechter Weise entrissen, und dadurch die Einkünfte des Königs geschwächt. Er nahm also nur das Seinige zurück. Zudem trieben die Großen damals von ihren festen Schlössern gern Räubereyen, und trotzten in denselben dem Könige selbst, wenn er sie zur Strafe ziehen wollte. Es war also Pflicht für einen guten König, sie ausser Stand zu setzen, die bürgerliche Ordnung und die öffentliche Sicherheit zu stören, was der Adel beynahe aller Länder in jenen Zeiten fast immer that.

Ottokar muste bey diesem Unternehmen Widersetzlichkeit von einem so mächtigen Adel, wie damals der Böhmische war, mit gutem Grunde befürchten. Um also auf alle Fälle gefaßt zu seyn, diejenigen, welche sich empören würden, auch mit den Waffen zum Gehorsam zu zwingen, trachtete er sich einen auswärtigen Feind je eher je lieber vom Halse zu schaffen; und darum war er in den mit König Bela von Hungarn noch vor dem Absterben König Wenzels angefangenen Unterhandlungen nachgiebiger, als er es wohl sonst gewesen wäre. Der Friede kam also gar bald zu Stande, und Steyermark ward, demselben zu Folge, zwischen unserm und dem Hungarschen König getheilet; so daß der Berg Semering die Gränze machen sollte. Bela nahm es zugleich auf sich: die Prinzeßinn Gertrud, von deren Ansprüchen, ich schon Meldung gemacht habe, mit standesmäßigen Einkünften in seinem Antheil von Steyermark zu versehen.

Vermuthlich wagten es also die Böhmischen Baronen nicht, mit ihrem neuen König anzubinden; weil er seine ganze Macht wider sie hätte anwenden können. Man muß aber nicht glauben, daß es Ottokarn gelungen sey, dieses Uebel auf einmal, und mit der Wurzel auszurotten. Es war zu viel Arbeit für einen Zeitpunkt, und selbst für die ganze Regierung eines Königs. Ottokar hatte manchmal in der Folge selbst mit unruhigen Größen zu kämpfen, und dieses zum Schutz der von ihnen beunruhigten Bürger und Landleute; und so auch seine Nachfolger auf dem Throne. Es ging nicht an, gar allen Baronen ihre festen Schlösser auf einmal wegzunehmen; und manche unbändige Ritter befestigten in der Folge zum Nachtheil der öffentlichen Sicherheit neue Raubnester.

LV.

LV.
Ottokar entschließt sich zu einem Kreuzzug nach Preussen.

Für itzt war Ottokar der innern Ruhe Böhmens so gewiß, daß er ohne Bedenken einen auswärtigen Krieg in dem entfernten Preussen unternahm. Wie er dazu gekommen ist? das, lieber Karl! ihnen zu sagen, muß ich ein wenig weit ausholen.

Die Preussen waren noch Heyden, da die Polen schon Christen waren. In jenen Zeiten haßten die Menschen einander wegen der Verschiedenheit ihrer Religion. Nichts war also natürlicher, als daß zwischen den Preussen, und den benachbarten Polnischen Fürsten auch Kriege entstunden. Die letztern sahen sich nach dem Beystande anderer Christen um. Als eben die sogenannten Deutschen Ritter, nach dem Verluste des gelobten Landes nach Deutschland zurückkehrten. Doch sie fragen was das ist: Deutsche Ritter? Unter den Edlen oder Rittern, die in den Kreuzzügen nach Palästina zogen, waren viele, die da

glaub=

glaubten, dem lieben Gott einen rechten Ge=
fallen zu thun; wenn sie sich feyerlich ver=
bänden, wider die Unglaubigen lebenslang
zu fechten. Dieses Gelübde, und gewiße Le=
bensregeln, denen sie sich unterwarfen, mach=
ten diese Gesellschaften von Rittern zugleich
zu Geistlichen Orden. Es entstunden nach und
nach ihrer drey. Die Johanniter — Johann
der Täufer war ihr Schutzheiliger — trugen
ein schwarzes Kleid und ein weißes Kreuz
darauf; die Tempelritter — sie wohnten na=
he am Tempel zu Jerusalem — hatten da=
gegen ein weißes Kleid mit einem rothen Kreuz;
und die Deutschen Ritter, die niemand, der
nicht vom Deutschen Adel wäre, unter sich
aufnahmen, und sonst auch die Marianer hie=
ßen, weil Maria die Mutter Jesu ihre Schutz=
heilige war, unterschieden sich durch ein schwar=
zes Kreuz auf einem weißen Kleide. Nun
diese letzten kehrten aus Palästina zurück,
wurden wider die heydnischen Preußen zu Hül=
fe gerufen; zogen wider sie, und waren so
glücklich einen Theil ihres Landes zu erobern,
und sich da fest zu setzen, indem sie die Inwoh=
ner mit Gewalt zu Christen machten.

 Aber bey allem ihrem Kriegsglück hat=
ten diese geistlichen Krieger doch nicht ganz
Preussen

Preussen unterjochet. Weiter hin gegen Osten wohnten die Sambier oder Samländer, ein tapferes Volk, die ihren Eroberungen Gränzen setzten. Nun musten diese Samländer, weil sie sich ihrer Haut wehrten, gottlose Heyden und grausame Verfolger der Christen heißen. Pabst Alexander IV. ließ wider sie das Kreuz predigen. Solche Kreuzprediger kamen nun auch nach Böhmen. Ich habe ihnen schon gesagt: daß König Ottokar den Krieg liebte. Zugleich war dieser Fürst sehr fromm. Geschichtschreiber aus den ältesten Zeiten versichern uns, daß er oft in der Prager Schloßkirche ganze Nächte auf dem Boden liegend im eifrigsten Gebete zugebracht, und häufige Thränen vergossen habe. Was konnte ihm also willkommner seyn als die Einladung der Kreuzprediger zum sogenannten heiligen Kriege? Hier hatte er Gelegenheit Ruhm als Held zu erwerben; indem er zugleich der Religion einen Dienst leistete. Denn das war dabey sein fester Entschluß, die Waffen nicht eher niederzulegen, als bis er alle Heyden in Samland zu Christen gemacht hätte. Er nahm also das Kreuz, und warb in Böhmen, Mähren, und Oesterreich ein sehr starkes Heer: der erste Adel dieser Länder
griff

griff willig zu den Waffen; und auch aus verschiedenen Ländern des Deutschen Reiches eilten viele Freywillige herbey, um den Fahnen des Königs von Böhmen zum heiligen Kampf, wie sie wähnten, zu folgen. Daß unter ihnen auch Rudolf Graf von Habsburg nachmals Römischer Kaiser gewesen, haben einige Geschichtschreiber behaupten wollen. Ottokars ganze Macht war dadurch auf mehr als 60000 Mann angewachsen. Unter ihm selbst sollte dem Heere sein Schwager Markgraf Otto von Brandenburg vorstehen. Aber noch mehr Vertrauen setzte Ottokar auf Bischof Bruno von Ollmütz, aus dem Hause der Sächsischen Grafen von Schönburg, der ungeachtet er geistlich war, ein eben so guter Feldherr, als weiser Minister gewesen ist.

LVI.
Zug nach Preussen.

Ottokars kriegerisches Feuer siegte über die Strenge des Winters. Den 4ten December 1254 brach er aus Böhmen auf. Der Zug ging durch Schlesien. Zu Breslau fey-

erte er die Weihnachten; und noch vor Ende
des Winters war er zu Elbingen, in dem von
den Deutschen Rittern eher eroberten Preussen.
Hier hielt er sich einige Tage auf, um die
nöthigen Kenntnisse von dem Lande einzuziehen, in das er einbrechen wollte. So wie
man das Gebieth der Samländer betrat,
sebelte man einen jeden Inwohner, den
man irgendwo antraf, nieder, und steckte alle
Wohnungen in Brand. So wurden damals
die sogenannten heiligen Kriege alle geführ-
ret; und man glaubte gar nichts Grausames
gethan zu haben, wenn man in einem nicht
Christlichen Lande dergleichen Unmenschlich-
keiten beging. Bey einem festen Schloße im
Rudauer Gebiethe fand man den ersten Widerstand, den der tapfere Ottokar bald besiegte. Das Schloß ward erobert, und den
Samländern, die es hatten retten wollen,
eine so schreckliche Niederlage beygebracht:
daß sie von nun an auch an der Möglichkeit
verzweifelten, einem so mächtigen König, und
so tapfern Kriegern Widerstand leisten zu können; sie befürchteten vielmehr die Ausrottung
ihrer ganzen Nazion, wenn sie nicht eilten,
sich Ottokarn zu ergeben. Das thaten sie
nun aller Orten, wie er vorrückte; und die

Edlen

Edlen unter ihnen brachten ihre Kinder als Geißeln ihrer Treue zu ihm. Er nahm ihre Unterwerfung an, aber nur gegen die Bedingung: daß sie sich alle taufen ließen. Da handelte er nach dem Vorurtheil der Zeiten, die es nicht nur für erlaubt, sondern auch für sehr löblich hielten, die Heyden zum Christenthum zu zwingen. Da doch nur eine freywillige Bekehrung Demjenigen angenehm seyn kann, der seine Geschöpfe mit dem freyen Willen beschenket hat.

So wie Ottokar in diesem Zuge nichts als Ruhm, und ein Verdienst bey Gott — seinem Wahne nach — suchte; so schlug er auch jeden andern Vortheil aus, den ihm sein Sieg hätte bringen können. Das eroberte Samland schenkte er den Deutschen Rittern; und gab ihnen noch dazu so viel Geld, daß sie davon zur Sicherheit der neuen Erwerbungen, ein festes Schloß, auf dem von Ottokar dazu ausersehenen Berg erbauen konnten. Die dankbaren Ritter gaben dieser Feste, zum Andenken des tapfern und großmüthigen Königs, den Nahmen: Königsberg. Und in der Folge bauten sich viele Leute dort an, so daß endlich die jetzige Hauptstadt des Königreichs Preußen daraus entstund, die den Nahmen,

men, Königsberg, noch führet. So wenig aber Ottokar durch diesen Krieg eine Vergrösserung seiner Macht gesucht hatte; so sehr wollte er, daß der Ruhm der Böhmen und ihrer Tapferkeit in dem fernen Preussen verewigt würde. Er bedung sich also, daß die nun zu Christen und Unterthanen des Deutschen Ordens ;umgeschaffnen Samländer, in allen künftigen Schlachten wider die Ungläubigen Böhmische Fahnen führen, und immer im ersten Treffen fechten sollten.

Jubilirend über den herrlichen Sieg, kehrten nun die Böhmen nach ihrem Vaterlande zurück. Den 6ten Hornung 1255 war Ottokar schon wieder auf seinem eigenen Gebiethe zu Troppau, welche Stadt damal zu Mähren gehörte. Also waren es, vom Tage des Aufbruchs aus Böhmen zu rechnen, in allem nur 65 Tage, in denen ein so weit von Böhmen entferntes Land erobert worden. Und dieses muß uns eine noch grössere Hochachtung für Ottokars Feldherrntalente beybringen. O wäre doch bey diesem Feldzuge, mit der Klugheit der Anstalten, und der Tapferkeit des Heeres, auch Gerechtigkeit des Krieges und menschliche Behandlung der Bekriegten vergesellschaftet gewesen. Es wäre

eine

eine der schönsten Unternehmungen in der ganzen Geschichte. Bedauern sie, lieber Karl! die Finsterniß jener Zeiten, in welchen unwissende Priester selbst einem edlen Manne weiß machen konnten: daß Ungerechtigkeit, und Grausamkeit, gegen Irrende ausgeübt, Gott gefallen könne.

LVII.
Ottokar will nicht Kaiser werden.

Durch den Feldzug nach Preussen erwarb sich König Ottokar auch im Auslande einen großen Ruhm. Eine Folge davon war es wohl, daß die Deutschen Fürsten ihm nach dem Tode Wilhelms von Holland die Deutsche Kaiserwürde zugedacht haben. Erzbischof Konrad von Köln kam wirklich im Heumonate des Jahres 1256 nach Prag, um ihn zu bereden, daß er die Krone, wenn sie ihm angetragen würde, annehmen möchte. Ottokar nahm zwar den Erzbischof wohl auf, und beschenkte ihn mit der ihm gewöhnlichen Großmuth reichlich. Aber die angetragene Würde lehnte er mit der Aeusserung ab: er sey

mit

mit der ihm von Gott geschenkten Ehrenstufe zufrieden.

Ottokars ganzes übriges Betragen muß uns zum Beweise dienen, daß er vom Ehrgeize nichts weniger als frey war; und daß er sich also nicht aus wahrer Bescheidenheit geweigert hat, den Kaiserthron zu besteigen. Wir müssen daher eine andere Ursache ausfindig machen. Es war damal kein Vergnügen Kaiser zu seyn. Wilhelm von Holland, der nach Konrads IV. des Sohns Friedrich II. Tode allgemein dafür erkannt worden, war bis zu der niederträchtigsten Abhängigkeit von dem Pabste herabgesunken. Dieser Sklave auf dem Throne schickte erst seine Verordnungen fürs Reich nach Rom, um sie von dem Pabste bestättigen zu lassen; er erkannte also den Pabst für seinen Oberherrn. Es ist der Ausspruch eines großen Mannes, lieber Karl! wer kriecht, der setzt sich der Gefahr aus getreten zu werden. So ging es auch Wilhelmien. Er ward in ganz Deutschland allgemein verachtet. Man mißhandelte seine Hofleute, that seiner Gemahlinn Unhöflichkeiten an, und er selbst war oft in seiner Wohnung vor Gewaltthätigkeiten nicht sicher. Und die so sehr herabgewürdigte Kaiserkrone hätte Ottokar neben der Böhmischen, die er mit so vielem Glanze trug, aufsetzen sollen? Ottokar war in Böhmen, Mähren, und Oesterreich Herr; und was noch mehr ist, einige Großen ausgenommen, die er aber mit allem Ernste im Zaum zu halten wuste, gehorchte ihm in diesen drey Ländern Alles gern; weil er ein großer Mann war. In Deutschland gehorchte fast niemand dem Kaiser, und die widerspenstigen Fürsten wurden noch immer vom Pabst unterstützet.

So wenig also unser Ottokar Lust hatte Kaiser zu werden; so sehr wollten auch alle Fürsten Deutschlands lieber als Fürsten nicht gehorchen, als daß sie als Kaiser nichts zu befehlen haben sollten. Kurz! man konnte in ganz Deutschland keinen Kandidaten zum Kaiserthum auftreiben. Man brachte also auf dem Wahltage zu Frankfurt im Jäner 1257 zwey Ausländer in Vorschlag: König Alfonsen den Weisen von Kastilien, und Richarden von Cornwall den Bruder König Heinrichs III. von England. Die Stimmen der Wählenden waren zwischen beyden gleich getheilt; und Deutschland bekam also zwey Kaiser zugleich. Ottokar hatte durch seine Gesandschaft erst Alfonsen mit gewählet; aber wenige Tage darauf trat er zu Richarden über,

über, was nach seinem Beyspiel mehr andere Fürsten thaten; so daß Richard die Oberhand bekam.

Ottokar hatte der Wahl nicht selbst beygewohnet; denn er lag eben wider Herzog Heinrichen von Bayern zu Felde. Er wollte einige in vorigen Zeiten davon abgerissene Städte wider an Oesterreich bringen. Aber in diesem Kriege war er unglücklich. Man hatte einen Stillstand geschlossen. Ottokar zog mit den Böhmen und Oesterreichern über den Fluß Inn zurück, als die Brücke einbrach. Die nahen Bayern machten sich die Verwirrung zu Nutzen, und griffen ungeachtet des Stillstands an. Die Böhmen und Oesterreicher litten einen starken Verlust. König Ottokar konnte für itzt auf keine Rache denken; weil der Ausbruch eines viel bedenklichern Krieges mit dem Hungarischen König Bela, seine Aufmerksamkeit anderstwohin zog.

LVIII.

LVIII.

Ausbruch des Krieges mit dem Hungarschen König Bela wegen Steyermark.

Mein Karl erinnert sich doch noch, daß Steyermark im Frieden zwischen den Königen von Hungarn und Böhmen getheilt worden ist. Die Inwohner des Hungarschen Antheils waren mit ihrer Regierung nicht zufrieden; wozu der Hungarsche Statthalter Stephan Graf von Agram, der sich nicht wuste beliebt zu machen, nicht wenig beygetragen hat. Aber auch unser Ottokar, sagen einige und selbst Böhmische Geschichtschreiber, hat das Mißvergnügen der Steyermärker genähret; denn dieses konnte ihm den Weg zur Eroberung von ganz Steyermark bahnen, die er wünschte, und darum Lust zum Kriege mit dem König von Hungarn verrieth. Er baute unter andern zur Deckung seiner Länder die Stadt Hradisch in Mähren, als eine Gränzfestung gegen Hungarn. Doch verstrichen noch ein Paar Jahre im Frieden, während der derselben man sich von beyden Seiten zum leicht vorherzusehendem Krieg rüstete.

Im Jahre 1260 empörten sich die Steyermärker förmlich, jagten die Hungarn zum Lande hinaus, und trugen Ottokarn das Herzogthum an. Im Herzen sah er das freylich gern; aber er wollte sich vor den Augen der Welt nicht den Vorwurf zuziehen, als habe er den Frieden mit Hungarn gebrochen; und nahm also den Antrag der Abgeordneten, so freundlich er sie empfing, doch nicht an. Indessen hatte König Bela seinen Sohn Stephan nach Steyermark geschickt, um die Empörer an der Spitze eines Heeres wieder zum Gehorsam zu bringen. Sie setzten sich um so muthiger zur Wehre; weil ihnen Oesterreichische Baronen, die von Hardegg, mit 1000 Mann zu Hülfe gekommen waren; und waren so glücklich den Prinzen zum Rückzuge zu nöthigen. Nun waren die Hardegge Oesterreichsche Landsassen und folglich Ottokars Vasallen. Man glaubte, daß sie ohne Genehmigung ihres Landesfürsten so was kaum gewagt haben würden; wenigstens, behauptete man, hätte Ottokar diesen ihren Schritt mißbilligen sollen. Bela beschloß sich dafür durch einen Angriff auf Oesterreich zu rächen.

Dieser König hatte ein Heer von 140000 Mann aufgebracht, welches durch die vielen Kumanier und andere Barbaren noch fürchterlicher war. Auch Ottokar war im Stande ihm 100000 Mann entgegen zu setzen. Diese waren zum Theil seine Unterthanen, Böhmen, Mährer, und Oesterreicher; zum Theil Hülfsvölker, die ihm sein Schwager Markgraf Otto von Brandenburg, sein Vätter Herzog Ulrich von Kärnthen, und einige Schlesische Herzoge zugeschickt haben. Die letztern scheint sich unser König bey seinem Durchzuge nach und aus Preussen zu Freunden gemacht zu haben. Bela hatte seine Kriegsmacht an dem Flusse March, der aus Mähren zwischen Hungarn und Oesterreich hinab strömt, und die Gränze zwischen beyden Ländern macht, zusammengezogen. Nun ließ er seinen Sohn Stephan mit 10000 Kumaniern über die March setzen, um Nachrichten von den Anstalten einzuziehen, die man in Oesterreich machte. Ottokars Heer war noch nicht versammelt, und der König selbst noch nicht bey demselben. Da die Kumanier ihrer Gewohnheit nach grosse Verheerungen anrichteten, wollten ihnen zwey Oesterreichische Herren Konrad und Otto von Hardegg steuern.

Aber

Aber sie zogen mehr ihren Muth, als die Klugheit zu Rathe; griffen 10000 Feinde an, da sie nur 300 Streiter hatten. So tapfer sie fochten, so fanden sie doch alle unter den feindlichen Pfeilen den Tod. Das hätte sehr üble Folgen für das Ganze haben können; wenn nicht gerade Ottokar mit den übrigen Völkern bey dem Heere angekommen wäre. Er belebte alles mit neuem Muthe; hinderte durch seine vortreflichen Anstalten die Feinde tiefer einzudringen, ja in wenig Tagen jagte er den Prinzen Stephan mit seinen Kamaniern wieder über die March. Es würde wohl gleich zu einer Hauptschlacht gekommen seyn; wenn dieser Fluß nicht beyde Heere getrennt hätte.

LIX.
Ottokars glänzender Sieg bey Kreßsenbrunn.

Es macht Ottokarn viel Ehre, daß er, nachdem er den Feind über die Gränze gejagt hatte, an der Spitze eines ihm ganz ergebenen kampflustigen Heeres, seinen Durst nach Ruhm

LIX. Brief.

in so weit zu bezähmen wuste, daß er, Menschenblut zu schonen, Unterhandlungen anfing, um einen Frieden zu Stande zu bringen. Da nun Bela davon nichts wissen wollte, wünschte er wenigstens den Krieg so geschwind als möglich geendigt. Eine Hauptschlacht führte zu diesem Ziele. Er both sich also an: die Hungarn ungehindert über die March setzen zu lassen, damit man dann den ganzen Streit durch eine Hauptschlacht entscheiden könne. Belä nahm den Antrag an; und es ward wegen der Sicherheit des Uebergangs, also eigentlich zum Vortheil der Hungarn, ein Waffenstillstand beliebet. Um so schimpflicher für sie, daß sie Ottokars Edelmuth mit Treulosigkeit lohnten. Denn, so wie sie über die March gesetzt hatten, fielen sie, ehe die Zeit des Stillstandes abgelaufen war, unter der Anführung ihres Königsohns Stephan die Böhmen an. So unvermuthet dieser unredliche Streich war, so nützte er ihnen doch nichts. Ottokar dem großen Grundsatze getreu, daß man seinem Feinde nie trauen müsse, war auch während des Stillstandes auf alles, was vorging, aufmerksam. Mit bewundersbwürdiger Geistesgegenwart stellte er sein Heer sogleich in die Schlachtordnung. Die

Schlacht

Schlacht ward allgemein; und in einer kurzen Zeit war durch die Weisheit des königlichen Feldherrn, und durch die Tapferkeit der braven Böhmen einer der herrlichsten Siege erfochten. 14000 Feinde wurden auf dem Kampfplatze niedergemacht; eine große Anzahl ward in den Fluß gesprengt, und fand dort ihren Tod. Das Lager der Hungarn ward mit allem, was darin war, von den Siegern erbeutet. Diese Schlacht heißt in der Geschichte die Schlacht bey Kressenbrunn; weil Ottokar bey diesem Oesterreichischen Orte sein Lager hatte. Wenn auch Ottokar nur diesen einzigen Sieg erfochten hätte; so müste man ihn immer unter die grösten Helden aller Völker und aller Zeiten zählen. Er selbst war so entzückt von demselben, daß er sich bemühte mehrere Denkmäler desselben zu hinterlassen. Er gab in einem weitläufigen Schreiben dem Pabst Alexander IV. Nachricht davon, und dieser Brief ist zugleich ein Denkmal seiner Frömmigkeit und Bescheidenheit; denn er schreibt nichts sich, sondern alles dem göttlichen Beystande zu. Eben diese Gesinnung bewog ihn das Kloster Guldenkron in Böhmen für Zisterziensermönche reichlich zu stiften, und eine prächtige Kirche dort zu er-

bau-

bauen, um, wie er sich ausdrücklich erklärte, dem Höchsten zu danken, daß er ihm den herrlichsten Sieg über seine Feinde geschenket habe. Das dritte Denkmal des Sieges ist die Oesterreichische Stadt Marchegg, welche er da, wo die Schlacht vorgefallen war, erbauet, und von dem Flusse March so genennet hat. Ich muß hier im Vorbeygehen erinnern, daß Ottokar viel neue Städte in allen Ländern, die er besaß, angelegt hat; woraus sich sowohl auf das Wachsthum der Bevölkerung als auf den immer steigenden Flor der bürgerlichen Gewerbe unter ihm schliessen läßt. Und beyde sind gewiße Kennzeichen einer guten Regierung.

Indeß waren es Ottokars Unterthanen nicht allein, die sich seines Sieges erfreuten. Man feyerte, zum großen Ruhm der Böhmen, durch alle Gegenden des Deutschen Reiches Dankfeste. Die Ursache war wohl, weil man die Kumanier bey dem Hungarschen Heere für Tartarn hielt; und von ihnen einen Besuch befürchtete. Und kaum würde Bela im Stande gewesen seyn, diese Barbaren nach dem Siege im Zaume zu halten, daß sie nicht die nahegelegenen Deutschen Länder überschwemmt hätten.

LX.

LX.

Friede. Steyermark kömmt ganz an Böhmen. Ottokar scheidet sich von Margarethen; heurathet Kunegunden, und läßt sich sammt ihr krönen.

König Ottokar wollte sich seinen Sieg, und die daraus erfolgte Bestürzung seines Feindes zu Nutzen machen; er verfolgte daher das geschlagene und flüchtige Kriegsheer nach Hungarn. Bela ward dadurch, was Ottokar aufrichtig wünschte, auf Friedensgedanken gebracht. Man unterhandelte, und im Jahre 1261 kam der Friede zu Wien wirklich zu Stande. König Bela trat nun an unsern Ottokar auch seinen Antheil von Steyermark ab, so daß nun dieses ganze Land zur Krone Böhmen gehörte. Der Pabst bestättigte nach dem Wunsche der beyden Könige den Frieden, um ihn dadurch dauerhafter zu machen. Und Ottokar und Bela hielten zu Wien eine persönliche Zusammenkunft, auf welcher sie, um die wiederhergestellte Freundschaft noch mehr zu befestigen, eine doppelte Heurath verabredeu beten. Die Nichte Ottokars aus seiner mit Markgraf Otten von Brandenburg vermählten Schwester, ward mit König Bela's zweytem Sohne verlobt, und Ottokar verlangte von Bela dessen Enkelinn Kunigund zur Gemahlinn für sich selbst. Die Aeltern dieser Kunigund waren Radislaw Herzog von Halicz und Anna Bela's Tochter.

Ottokars erste Gemahlinn die Oesterreichsche Margareth war also mittlerweile gestorben? nein, mein Bester! sie lebte noch. Aber Ottokar wünschte aus mehrern Gründen ihrer los zu werden. Sie war älter als er, keine angenehme Gesellschafterinn, und eine Bettschwester von eingeschränktem Geiste. Da Ottokar nun der einzige Mann vom ganzen Przemislischen Hause war, befürchtete man das Aussterben desselben, wodurch Böhmen großen Unruhen ausgesetzt werden dürfte. Die ganze Nazion sehnte sich also nach einem männlichen Thronerben; und diesen konnte man nur aus einer zweyten Ehe hoffen. Zu dieser konnte Ottokar nicht schreiten, bevor die erste nicht getrennt war. Es gelang ihm, Margarethen zur Trennung zu bereden. Gutmillig widmete sie ihr übriges Leben in der Einsamkeit ganz den Andachtsübungen; und

ließ

ließ Ottokarn völlige Freyheit Kunegunden zu heurathen, mit der er auch den 23ten November 1261 zu Preßburg sein prächtiges Beylager hielt. Man findet nirgends eine Spur, daß die Geistlichkeit der Scheidung von Margarethen, und der neuen Heurath mit Kunegunden widersprochen habe; man muß also von der Rechtmäßigkeit dieser Schritte überwiesen gewesen seyn. Nun ist es nach den Gesetzen kein zureichender Grund sich von einer Frau zu scheiden, weil sie nicht mehr gefällt: es muß also ein anderer da gewesen seyn. Da die Geschichtschreiber jener Zeit davon nicht ausdrücklich sprechen, so ist es erlaubt zu muthmassen. Allem Ansehen nach hat Margareth in dem Kloster zu Trier, wo sie nach dem Tode ihres ersten Gemahls des Römischen Königs Heinrich lebte, die Klostergelübde abgelegt, das ist: sie hat geschworen lebenslang Nonne zu bleiben. Nun ist nach den Gesetzen der Kirche die Ehe mit einer Person, die solche Gelübde abgelegt hat, und von denselben nicht eher losgesprochen werden ist, ungültig. Margareth, die wohl eine fromme, aber nicht sehr unterrichtete Frau war, hat auch das nicht gewußt; und also bey ihrer Vermählung mit

Otto=

Ottokarn die Lossprechung von den Gelübden bey dem Pabste nicht gesucht. Indeß Ottokar gar nicht gefragt haben mag, ob seine Braut, die er ohne Liebe nur aus Politik heurathete, Klostergelübde abgelegt hat, oder nicht? Da er in der Folge das letzte erfuhr, war er froh, einen Vorwand zur Ehescheidung zu haben.

Den 23ten Christmonats 1261 zog Ottokar mit seiner neuen Gemahlinn Kunegund feyerlich in Prag ein, und den 25ten darauf ließ er sich sammt ihr krönen. Das Volk legte bey beyden Feyerlichkeiten so viel Freude an den Tag, daß man schon daraus schliessen kann, daß es seine Ehescheidung für rechtmäßig gehalten hat.

LXI.

Kaiser Richard belehnt Ottokarn mit Oesterreich. Eger kömmt an Böhmen.

Da sich Ottokar auf diese Art von einer Gemahlinn geschieden hatte, die nach der Erlöschung des männlichen Stamms als die nächs=

Ottokar wird mit Oesterreich belehnt.

nächste weibliche Erbinn' von Oesterreich und Steyermark anzusehen war; muste er ganz natürlich besorgen, daß man einst den Besitz dieser Länder, oder doch das Recht darauf ihm streitig machen dürfte. Er wollte sich also wo nicht das Recht, doch den Besitz auf eine andere Art versichern. Er verfügte sich im August des Jahres 1262 nach Achen, wohin, der nun fast allgemein dafür erkannte Kaiser Richard aus Engelland gekommen war; und verlangte von ihm mit Oesterreich und Steyermark belehnt zu werden; was ihm derselbe, um an Ottokars Macht eine Stütze in Deutschland zu haben sogleich gewährte. Freylich konnten die Kaiser mit den erledigten Reichslehnen damals belehnen, wen sie wollten. — Sie haben ja nicht vergessen, daß Belehnen einem ein Land nicht zwar zum Eigenthum, aber zum völligen Nutzgenuß geben heiße; so daß er dafür dem, der es ihm gegeben hat, gewiße Schuldigkeiten, vorzüglich aber Kriegsdienste leiste; Länder die vom Kaiser auf diese Art vergeben wurden, hiessen Rechslehne. — nun muß man aber merken, daß es zweyerley Reichslehne gab: Männerlehne, und Weiberlehne. Wenn in einem Lande, welches ein Männerlehn war, der letzte männliche Sprößling des Hauses gestorben war; so war der Kaiser gar nicht schuldig auf dessen Töchter, Schwestern, oder andere Prinzeßinnen von seinem Blute die geringste Rücksicht zu nehmen; sondern er gab das Land nach Gutbefinden auch einem Fremden. Aber in einem Weiberlehne, folgte dem letzten Mann die nächste Prinzeßinn, und der Kaiser durfte es nur dann nach Belieben vergeben, wenn auch keine weibliche Nachkommenschaft mehr da war. Bey weiten die meisten Deutschen Länder waren Männerlehne: aber Oesterreich war gewiß ein Weiberlehn; denn Kaiser Friedrich II. hatte Herzog Friedrichen dem Streitbaren unter andern auch das Privilegium ertheilet, daß nach Abgang der männlichen Nachkommenschaft auch die weibliche sein Land erben könne. Dem zu Folge hatte Margareth nach ihrem kinderlosen Bruder Friedrich dem Streitbaren das nächste Recht auf Oesterreich und Steyermark. Sie trat dieses zwar bey ihrer Vermählung an Ottokarn ab; aber gewiß nur als an ihren Gemahl, und also nur auf so lang, als er ihr Gemahl seyn würde. Oesterreich und Steyermark waren die Mitgift, welche ihm seine Frau zubrachte. Trennte er die Frau von sich;

sich; so sollte er sichs auch gefallen lassen, das, was sie ihm eingebracht, zurückzugeben. Die kaiserliche Belehnung konnte ihn nicht zum rechtmäßigen Besitzer solcher Länder machen, die nach dem Privilegium eines ältern Kaisers Friedrich II. das Eigenthum Margarethens waren.

Ottokar bemühte sich indessen, die mit Recht oder Unrecht besessenen Länder gut zu regieren. Vorzüglich traf er in dem neuerworbenen Steyermark die ersprießlichsten Anstalten durch seinen Statthalter den Bischof Bruno von Ollmütz. Diese friedlichen Beschäftigungen wurden 1265 durch einen Krieg unterbrochen. Herzog Heinrich von Bayern war in das Erzstift Salzburg feindlich eingefallen. Der Pabst foderte unsern König zum Schutz der Salzburger Kirche auf, wozu der nach Lorbern immer geizige Ottokar ganz bereit war. In diesem Kriege eroberte er Eger, und verschiedene Städte in Bayern selbst. Die letztern gab er 1267 im Frieden zurück. Aber Eger mit dem dazu gehörigen Gebiethe — man nennt es bis itzt das Egerland — muste Bayern an Böhmen abtreten. Und das war also wieder eine Vergrösserung des Staats von Böhmen.

LXII.

LXII.

Ottokars Sorge für Wohlstand und Sicherheit seiner Staaten. Erwerbung von Kärnthen, und Krain.

Ottokar war ein viel zu weiser Fürst, um nicht überzeugt zu seyn, daß äußere Vergrößerungen eines Staats durch neue Länder demselben mehr Schaden, als Nutzen bringen, wenn man nicht zugleich für die Vermehrung des innern Wohlstands sorget. Er fing um diese Zeit 1257 den Bau der schönen Stadt Budweis an. Die neuen Bewohner waren wohl meistens durch den Ruf von Ottokars Regierung ins Land gezogene Deutsche. Dann half er den vielen und gerechten Klagen des Landmanns über verfälschtes Gewicht, und zu kleine Maaß ab; denn viele adeliche Güterbesitzer waren so unedel, daß sie durch beydes ihre Unterthanen betrogen, und ausgesogen haben. Der König traf im Jahre 1268 so ausgiebige Maaßregeln, daß so was nicht leicht leicht mehr geschehen konnte.

Auch

Auch die innere Sicherheit, ohne welche Ackerbau, und Handel in einem Lande nie blühen können, lag dem Könige am Herzen. Diese störten oft diejenigen, die eigentlich zum Schutz des Vaterlandes bestimmt waren. Auf den Gütern der Geistlichen, der Städte, oder anderer nicht adelicher Besitzer erlaubten sich die Soldaten Plünderungen, und alle Arten von Gewaltthätigkeiten. Die Schuld fiel auf ihre Befehlshaber: diese lauter Edelleute sahen Kränkungen des nicht adelichen gern, und straften daher dergleichen Ausschweifungen ihrer Untergebenen so wenig, daß sie dieselben vielmehr unter der Hand dazu selbst aufmunterten. Ottokar zwang sie bald ihrer Pflicht besser nachzukommen. Er setzte auf ihre sträfliche Nachsicht, je nachdem die Folgen davon minder oder mehr schädlich waren, die Strafe des Kerkers, oder des Todes.

Im Jahre 1269 starb Herzog Ulrich von Kärnthen. Er war Geschwisterkind mit unserm Ottokar, denn seine Mutter war eine Schwester des Vaters desselben Königs Wenzels I. Diese nahe Verwandtschaft hatte ihn bewogen, seine Länder, die beyden Herzogthümer Kärnthen und Krain, mit der Stadt
und

und Herrschaft Portenau am Adriatischen Meere, schon im J. 1267 auf den Fall seines Todes, Ottokarn zu schenken. Itzt war also der Erbfall eingetreten. Ulrich hatte einen Bruder Philipp, der aus Hofnung eines guten Bisthums geistlich geworden war, und bey dieser Gelegenheit zu Ottokars Gunsten der Erbschaft seines Bruders entsagt hatte. Die Salzburger Domherren hatten ihn zum Erzbischof gewählet. Aber noch vor seiner Weihe betrug er sich so, daß man ihn durchaus nicht zum Besitz des Erzstifts gelangen lassen wollte. Da Ottokar bey aller angewandten Mühe, die dortigen Domherren für ihn nicht mehr gewinnen konnte, empfahl er ihn den Domherren zu Aglar oder Aquileja, welche ihn auch zum Patriarchen — eine höhere geistliche Würde als die eines Erzbischofs — wählten; aber seine schlechten Sitten verhinderten seine Bestättigung zu Rom. Da er also durch seine eigene Schuld um beyde Pfründen gekommen war; foderte er itzt, trotz der ehemaligen Entsagung die Erbschaft seines Bruders mit den Waffen in der Hand; und bald war er Meister von ganz Kärnthen und Krain. Aber auf die erste Nachricht, brach Ottokar von Wien, wo er

sich

sich eben aufhielt, auf; der Oesterreichsche und Steyersche Adel folgte seinen Fahnen, die Hauptstadt Laybach ward erobert, und Philipp muste sich unterwerfen. Ottokar setzte diesen unruhigen Kopf ganz auſſer Stand, sich in Staatsangelegenheiten zu mischen; wies ihm aber standesmäßige Einkünfte an. So waren also wieder zwey Länder mit der Krone Böhmen vereinigt, und Ottokar konnte sich rühmen, daß er seine Herrschaft bis an das Meer ausgedehnt habe. Denn sie werden es auf der Karte sehen, mein Bester! daß ein Theil von Krain am Adriatischen Meere liegt.

LXIII.
Krieg mit König Stephan von Hungarn.

Der Anwachs der Böhmischen Macht erweckte den Neid Hungarns. Dort hatte den Thron nach Bela's Tode sein Sohn Stephan bestiegen. Dieser Fürst fiel wider Treu und Glauben, über die Fürsten, schon wegen des bösen Beyspieles, das sie dadurch ihren Un-

terthanen geben, sich nie hinaussetzen sollten,
mitten im Frieden mit einem starken Heere
in Steyermark, als Ottokar sich noch in Kärnthen aufhielt. Nun machte er einen niedrigen Anschlag auf Ottokars Person. Er
besetzte alle Wege, die aus Kärnthen führen, und glaubte, Ottokar müste ihm nun in
die Hände fallen. Diese zwey Streiche waren nur unredlich: nicht zufrieden damit
brandmarkte König Stephan sein Andenken
noch durch die schrecklichste Grausamkeit, mit
welcher er an dem unschuldigen Landvolk in
Oesterreich Rache ausübte, daß Ottokar der
ihm gelegten Schlinge entgangen war. Der
gekrönte Unmensch Stephan ließ bey 20000
Wehrlose theils tödten, theils wie das Vieh
zusammenfangen, und mit sich fortschleppen.

  Ottokar konnte das alles nicht so hingehen lassen. Er foderte von Stephan Genugthuung, und Schadenersatz. Da man von
Hungarischer Seite nichts davon wissen wollte, rüstete er sich zum Kriege. Man findet
von einer doppelten sehr merkwürdigen Anstalt, die unser König damals getroffen hat,
Meldung. Er theilte sein Kriegsheer in so
viel Haufen ein, als er Länder beherrschte.
In dem ersten waren die Böhmen, in dem

zwey=

zweyten die Mährer, in dem dritten die Oesterreicher, in dem vierten die Steyermärker, und in dem fünften die Kärnther. Der Vortheil davon bestund hierin, daß da jede Nazion für sich, und unvermischt mit andern focht, auch eine iede, vom Nazionalstolz befeuert, es der andern zuvor thun wollte. Dann erfand Ottokar selbst eine Schiffbrücke von ganz neuer Art, die nach Umständen zusammengefügt, und aus einander gelegt werden konnte; und die man dem Heere auf 100 Wagen nachführte.

Unser König fing den Krieg mit der Belagerung von Preßburg an. Binnen wenig Tagen eroberte er diese wichtige Stadt, machte dort viele Gefangene, und erbeutete große Schätze. Da noch kein Hungarisches Heer im Felde war, hatte Ottokar um so freyere Hände, und nahm im kurzen alle Städte die zwischen den drey Flüssen: Donau, March, und Waag liegen, mit leichter Mühe ein. Endlich erschien Stephan an der Spitze beynahe der ganzen Kriegsmacht seines Königreichs. Er wollte über den Fluß Rabnitz setzen; aber die Böhmen verhinderten es, und brachten ihm zugleich eine derbe Schlappe bey. Nun trug er auf einen Waffenstillstand an;

an; aber während desselben wollte er das Böhmische Lager überschwemmen, um sich dann die Verwirrung zu Nutzen zu machen. Ottokar entdeckte seine Absicht, griff ihn in seiner Stellung am Flusse Raab an, und brachte ihm eine große Niederlage bey.

Ottokar würde sein Kriegsglück weiter verfolgt haben, wenn ihn seine Schwiegermutter die Herzoginn Anna von Halicz König Stephans Schwester nicht zum Rückzug bewogen hätte. Er mag geglaubt haben, sie würde ihren Bruder zum Frieden überreden; und entließ also sein Heer. Aber unvermuthet fielen 30000 Kumanier in Mähren ein, und nahmen das flache Land sehr übel mit. Der Krieg würde erneuert worden seyn, wenn nicht einige Bischöfe ins Mittel getreten wären. Sie waren so glücklich, einen Frieden zu Stande zu bringen, dem zu Folge Ottokar seine Hungarschen Eroberungen zurück gab, Stephan aber allen Ansprüchen auf die von Ottokarn besessenen Länder entsagte. Dieser Friede ward nach dem Wunsche beyder Theile von Pabst Gregor X. bestättiget, und demjenigen von den zwey Königen, der ihn brechen würde, der Kirchenbann zum voraus angedrohet.

LXIV.

LXIV.

Ottokar will wieder nicht Kaiser werden. Ungerechter Krieg mit Hungarn.

Es war eine der Wirkungen des immer mehr wachsenden Ruhms der Regierung unseres Ottokars, daß man ihm zum zweytenmal die Deutsche Kaiserkrone angetragen hat. Erzbischof Engelbert von Köln kam im Augustmonate des Jahres 1271 mit diesem Antrage im Nahmen der übrigen Wahlfürsten nach Prag. Ottokar nahm auch itzt die Kaiserwürde nicht an. Da er itzt so viele Reichslehne besaß, die ein' anderer Kaiser einst in Anspruch nehmen konnte, so würde er sich ihren Besitz am besten versichert haben, wenn er den Kaiserthron selbst bestiegen hätte. Frägt man die Geschichtschreiber nach der Ursache, warum er es nicht wollte? so sagen sie, die Baronen des Königreichs hätten es ihm widerrathen. Aber wahrscheinlicher ist es wohl, daß ihm das seine Ehre widerrathen hat. Denn Kaiser Richard, der erst im Jahre 1272

ge=

LXIV. Brief.

gestorben ist, lebte damals noch: und die Deutschen Fürsten wollten wohl nur aus Verdruß, daß er die Reichsangelegenheiten ganz vernachläßigte, und gar nicht mehr nach Deutschland kam, einen andern Kaiser wählen. Wie hätte Ottokar so was gut heissen, oder daran Theil nehmen können, den Richard nie beleidigt, vielmehr mit Oesterreich und Steyermark belehnt hätte?

Weil den letzten Frieden mit Hungarn der Pabst bestättigt, und so gar denjenigen der beyden Könige, der ihn brechen würde, mit dem Kirchenbann bedroht hätte, so hatte man sich mit seiner ewigen Dauer geschmeichelt. Aber welche Schranken sind der Kriegssucht eines Fürsten unübersteiglich? und dieser war Ottokar, so viel gute Eigenschaften er sonst hatte, leider! nur gar zu sehr ergeben. Noch dazu war der Krieg, den er itzt anfing, einer der ungerechtesten. Sie wissen lieber Karl! daß Ottokar Kunegunden eine Haliczische Prinzeßinn zur Gemahlinn hatte. Kunegunds Bruder Bela hielt sich am Hungarischen Hof auf, kriegte dort Händel mit einigen Hungarischen Magnaten — so nennt man sowohl in Hungarn, als in einigen andern Ländern die Männer vom ersten Rang —

und

und diese schämten sich nicht, einen Meuchelmord an ihm zu begehen. Hätte sich nun Ottokar darauf eingeschränket, daß er auf die Bestrafung der Mörder seines Schwagers gedrungen hätte; wer würde das nicht billig und edel genannt haben? Aber gleich als wenn er froh wäre, eine Ursache zum Kriege gefunden zu haben; schrieb er dem unschuldigen König Ladislaw, der doch nur erst ein Kind von 10 Jahren war, den Mord zu, und beschloß ihn an denselben durch einen Krieg zu rächen. Indeß er sich aber zu diesem rüstete, fielen die Hungarn in Mähren Oesterreich und Steyermark ein, und richteten überall große Verwüstungen an. So musten die armen Unterthanen für die Kriegslust ihres Königs büssen. Er trieb endlich die Hungarn an der Spitze eines Heeres von 80000 Mann aus seinen Ländern hinaus; brach darauf selbst in Hungarn ein, nahm dort die Städte: Preßburg und Oedenburg weg. Mehrere Eroberungen hinderten die Deutschen Angelegenheiten, von denen im nächsten Briefe.

LXV.

Ottokar will Rudolfen von Habsburg nicht als Kaiser erkennen.

Nach Kaiser Richards endlich erfolgtem Tode schritten die Deutschen Wahlfürsten zu einer neuen Wahl. Allerdings stund es den Wählenden frey, ihre Stimmen, wem sie wollten, zu geben; und Ottokar hätte an und für sich nichts dawider einwenden können, daß sie Rudolfen Grafen von Habsburg auf den Kaiserthron erhoben haben. Aber auf der andern Seite hätten die übrigen Wahlfürsten Ottokars Gesandten Bischof Bertholden von Bamberg auch mit wählen lassen sollen: und sie schlossen ihn aus. Das war allerdings eine Kränkung jenes Rechtes, das den Königen von Böhmen, eben darum weil sie es seit so langen Zeiten ausgeübt hatten, unstreitig zukam. Ottokar, dadurch aufgebracht, wollte also eine Wahl nicht gelten lassen, von der man ihn wider alles Recht ausgeschlossen hat; und da er die Wahl für ungültig ansah, woll-

wollte er auch Rudolfen nicht für einen Kaiser erkennen; und schickte eine Gesandtschaft an den Pabst, die auch diesen zur Nichterkennung Rudolfs bewegen sollte. Der Pabst gab ihm aber kein Gehör; und Ottokar rächte sich dafür, indem er seinen Böhmen verboth das Kreuz, das der Pabst wider die Unglaubigen fleißig predigen ließ, anzunehmen. So, lieber Karl! verleitete Ottokarn seine Leidenschaft etwas zu thun, was ihm die Vernunft längst hätte rathen sollen.

Auch Rudolfen schonte Ottokar nicht im geringsten. Das Klügste wäre wohl gewesen; wenn er nach vorausgeschickter Erklärung, daß er das alte Recht, den Kaiser mitzuwählen, für sich und seine Nachkommen durchaus behauptet wissen wolle; dennoch der ohne ihn geschehenen Wahl aus Freundschaft für Rudolfen beygetreten wäre. Denn dieser hätte dann keinen Anstand gefunden, die Belehnung seines Vorfahrs Richard zu bestättigen, und Ottokarn als rechtmäßigen Besitzer aller Reichslehne, das ist: Oesterreichs, Steyermarks, Kärnthens und Krains zu erkennen. Aber Ottokar suchte nicht einmal von dem neuen Kaiser die Belehnung;

er-

erschien auf dessen Einladung auf zwey Reichstagen zu Nürnberg, und Würzburg gar nicht; und auf einem dritten zu Augsburg im Jahre 1275 verdarb sein Abgesandter Bernhard Bischof zu Seckau vollends alles. In einer langen Rede, in der er Ottokars Recht auf Oesterreich verfocht, bestritt er zugleich Rudolfs Wahl mit vielen eingemischten persönlichen Beleidigungen des Erwählten. So daß ihm einer der Reichsfürsten, Pfalzgraf Ludwig, darauf mit dem gezückten Schwerte antworten wollte. Das ließ zwar der edle Rudolf nicht zu: sprach aber Ottokarn Oesterreich, Steyermark, Kärnthen, und Krain ab; und ließ diese Länder im Nahmen des Reichs durch Burggraf Friedrichen von Nürnberg abfodern. Ottokars abschlägige Antwort, zog einen Krieg nach sich, von dem ich Sie ehestens unterhalten werde.

LXVI.

LXVI.

Ottokar verliert im ersten Anfall Oesterreich, Steyermark und die übrigen Länder.

Kaiser Rudolf hatte bey dem nun ausbrechenden Kriege den Vortheil, daß der von Ottokarn eher angegriffene König Ladislaw von Hungarn mit ihm gemeine Sache machte. Da hingegen Ottokarn sein einziger Bundesgenoß Herzog Heinrich von Bayern verlassen hat. Das letztere war für den König von Böhmen um so nachtheiliger; weil er, da er Oesterreich durch Heinrichs Länder gedeckt glaubte, seine ganze Macht um Böhmen selbst zu schützen bey Eger zusammengezogen hatte. So konnte also Rudolf ganz ungehindert durch Bayern in Oesterreich einbrechen. Alle Städte von der Bayerschen Gränze an bis Wien öffneten dem Kaiser freywillig die Thore; weil ihnen einige Geistliche, — die sich freylich nie in so etwas mischen sollten — in ihren Predigten weiß gemacht hatten:
Otto=

Ottokarn dürften sie keine Treue halten, weil ihn der Pabst exkommunizirt hätte: ein in finstern Zeiten fast allgemein angenommener, aber für die Ruhe der Staaten höchst gefährlicher, und eben darum verabscheuungswürdiger Grundsatz. Mittlerweile war Maynhard Graf von Tyrol, der es mit Rudolfen hielt, in Steyermark eingefallen. Den Adel dieses Landes hatte Ottokar beleidigt; weil er Einige aus seinem Mittel wegen ihrer Räubereyen und Gewaltthaten an dem Landmann zur Strafe gezogen hat. Dieser schlug sich also zu Maynharden; und weil der Böhmische Befehlshaber in Steyermark, Milota von Diedicz aus dem Hause der Herren von der Rose, die man hernach Rosenberge nannte, seine Schuldigkeit auch nicht that, so ging bald das ganze Land verloren.

Es kam nun auf die Behauptung der Hauptstadt Wien an. Diese Stadt hatte von Ottokarn häufige Wohlthaten genossen, und darum war ihm auch die Bürgerschaft derselben äußerst ergeben; der Bürgermeister Paltram aber war einer der treuesten Vasallen Ottokars, und zugleich ein muthiger Krieger. Dieses machte dem König Hofnung: Wien würde sich so lang wehren, bis er mit dem Heere

re zu Hülfe käme. Aber von Böhmens äuſ-
ſerſter weſtlicher Gränze bey Eger bis nach
Wien iſt ein langer Marſch. Da auch Rudolf von Bayern bis Wien nirgends Wider-
ſtand gefunden hat, ſo ſtund er eher vor der
Hauptſtadt, als man es vermuthet hatte; und
ſchloß ſie ein, ehe man ſie mit Lebensmitteln
gehörig verſehen konnte. Der gewöhnliche
Vorrath ward, da die freye Zufuhr abgeſchnit-
ten war, bald aufgezehret; und nun ſtellte
ſich der Hunger ein. Dieſer machte den zahlreichen Pöbel erſt mißmüthig, und dann auf-
rühriſch. Dadurch ward alſo Paltram gezwungen, die Stadt an den Kaiſer zu übergeben.

Ottokar fand alſo, da er endlich in der
Gegend von Wien ankam, mit der Hauptſtadt
das ganze Land verloren. Rudolfen anzugrei-
fen, war ein gefährliches Unternehmen; weil
er durch den mißvergnügten Oeſterreichſchen
und Steyerſchen Adel gar ſehr verſtärkt worden, und weil er durch die Donau gedeckt
war. Auch lief die Nachricht ein, daß König Ladiſlaw von Hungarn dem Kaiſer 20000
Mann zu Hülfe ſchicke; die nicht mehr weit
entfernt wären.

LXVII.

LXVII.
Friede, und neuer Bruch.

In dieser Lage ward der Friede nothwendig. Und da Bischof Bruno von Ollmütz, der weiseste und getreueste Minister Ottokars, dazu rieth, both auch der König, so ungern er daran gehen mochte, die Hand dazu. Der Friede selbst kam bald zu Stande: und folgende waren die Bedingnisse. Oesterreich, Steyermark, Kärnthen, und Krain sollten indeß in den Händen des Kaisers bleiben, und Ottokar sein Recht darauf dem Ausspruche der Reichsfürsten unterwerfen. Zweytens sollte er Rudolfen als Kaiser erkennen, und sich von ihm mit Böhmen und Mähren belehnen lassen. Drittens dem König von Hungarn sollte er Alles wieder zurückgeben, was er ihm im letzten Kriege abgenommen hätte. Viertens sollte zur Befestigung dieses Friedens eine doppelte Heurath zwischen den Kindern beyder Fürsten vor sich gehen: des Kaisers Sohn Rudolf sollte mit Ottokars Tochter Kunegund, und die kaiserliche Prinzeßiun zeßinn Judith mit dem Böhmischen Erbprinzen Wenzel verlobt werden. Judithen wurden von ihrem Vater dem Kaiser zum Heurathsgut 40000 Mark Silber angewiesen; und der Theil von Oesterreich, der sich von Böhmens und Mährens Gränzen bis an die Donau erstreckt, ward zum Unterpfand für diese Summe bestimmt. Das ist: Ottokar oder sein Sohn sollte dieses Stück Landes bey der Vollziehung der Heurath besetzen, und die Einkünfte davon so lange geniessen, bis die versprochene Mitgift ausgezahlt würde.

Dieser Friede war von kurzer Dauer. Die Ursachen sind leicht zu errathen. Ottokar hatte vier Länder zwar abgetreten, aber doch mit der Hofnung, sie, wenn seine Ansprüche untersucht seyn würden, zurück zu bekommen. Diese Hofnung blieb unerfüllt; denn der Kaiser belehnte mit Oesterreich und Steyermark seinen Sohn Albrecht, so wie er Kärnthen Maynharden von Tyrol schenkte. Die Fürsten, guter Karl! wünschen gemeiniglich immer mehr Länder zu beherrschen; ist es ein Wunder, daß Ottokar vier verlorne Länder nicht verschmerzen konnte? Hiezu kam die Hofnung, sie um so leichter wieder zu erobern; da verschiedene mit ihrem neuen Herrn
un=

unzufriedene Große in Oesterreich ihn dazu einluden. Man muß auch mit in Anschlag bringen, daß Ottokar in allen seinen vorigen Kriegen siegreich war; daß es ihn also um so mehr schmerzte, daß er nur gegen Rudolfen den kürzern gezogen hat. Ganz natürlich wünschte er sich an demselben zu rächen; was ohne einen neuen Krieg nicht geschehen konnte. Ueber alles das erzählen einige Geschichtschreiber, daß ihn seine Gemahlinn Kunegund aufgehetzt, die ihn nicht liebte, und es also immer gern sah, wenn er weit von ihr war. Einige glauben gar, sie hätte ihn in der lasterhaften Absicht, seiner durch einen gewaltsamen Tod bald loszuwerden, in die Gefahren des Krieges gestürzet.

LXVIII.
Ottokars Tod.

Ottokar, zum Bruch entschlossen, foderte Oesterreich und die übrigen Länder von dem Kaiser unter der Androhung des Krieges zurück. Auf die ohnehin vorgesehene Weigerung rückte er mit einem Heere in Oesterreich. Aber

au=

anstatt gerade auf Wien loszugehen, hielt er sich mit der Wegnahme unbedeutender Schlösser auf. Dadurch gewann Rudolf Zeit die Hülfsvölker aus dem Deutschen Reich, und 20000 Hungarn an sich zu ziehen. Bauend auf seine Ueberlegenheit ging er über die Donau, und lagerte sich bey Marchegg, einer von Ottokarn, da er Oesterreich inne hatte, erbauten Stadt. Hier kam es den 26. August 1278 zu einer blutigen Schlacht, in welcher Ottokar, nach großen Beweisen persönlicher Tapferkeit, sein Leben verlor. An dem Verluste der Schlacht war der einst schon erwähnte Milota von Diediez Schuld, der die Mährer befehligte, und anstatt mit ihnen zu rechter Zeit vorzurücken, sich zurückzog, und so die Seite des königlichen Heeres bloß gab. Dieser Mann war wider Ottokarn aufgebracht, weil auf dessen Befehl sein Bruder Beneß für die begangenen Räubereyen mit dem Tode gestraft worden war. Auch den Tod selbst zog sich Ottokar durch seine gerechte Strenge gegen vornehme Verbrecher zu. Einige Steyersche vom Adel, deren Verwandte er nach Verdienst für die Plünderungen des Landmanns gestraft hatte, ermordeten ihn wider das Völkerrecht, und wider das ausdrückliche

che Verboth Rudolfs. Sie drangen über die Leichen mehrerer edlen Böhmen aus den ersten Häusern, die tapfer fechtend um ihn herum gefallen waren, bis zu ihm; und fanden ihn ganz außer Stande sich zu wehren. Denn er war, durch das verlorne Blut aus vielen Wunden ganz entkräftet, vom Pferde gesunken. Und doch opferten sie ihn, was brave Krieger niemals thun sollen, ihrer Wuth auf.

Kaiser Rudolf, der durch den an seine Soldaten vor der Schlacht gegebenen Befehl: den König von Böhmen, wo man auf ihn träfe, zu schonen, ihn nicht hatte retten können, brach bey dem Anblick der Leiche in Thränen aus. Und in der That verdiente es Ottokar von einem so großen Fürsten beweint zu werden, wie sein Sieger war. Denn er selbst gehörte unter die größten Fürsten aller Zeiten, und aller Völker. Unter Böhmens Königen von dem alten Stamme kömmt ihm wenigstens keiner gleich; und aus den spätern haben ihn wohl nur Karl IV. und Georg von Podiebrad übertroffen. Daß er einer der größten Feldherren war, wie er denn in 14 Schlachten den Sieg davon getragen hat, dürfte leicht sein geringster Vorzug seyn. Er

eifer-

eiferte vor allem für die öffentliche Sicherheit, und strafte jede Verletzung derselben ohne Rücksicht auf den Stand des Thäters unerbittlich. Gab sehr weise Gesetze, wachte über eine genaue Rechtspflege; und munterte den Fleiß des Landmanns, und des Bürgers durch Belohnungen auf. Bald war im ganzen Lande Wohlstand; und häufig kamen Fremde nach Böhmen um Theil daran zu nehmen. Die wachsende Volksmenge veranlaßte ihn, mehr neue Städte zu erbauen, unter welche vorzüglich das niedliche Budweis gehöret. Man kann sagen, daß Ottokar ein ganz untadelhafter Fürst gewesen wäre; wenn er nur den kriegerischen Ruhm weniger geliebt hätte.

LXIX.

Vertrag mit Rudolfen. Wenzels II. frühes Unglück.

Ottokars Niederlage und Tod brachte alles Unheil über das arme Böhmen. Schon das geschlagene Heer richtete auf seinem Rückzuge große Verheerungen im eigenen Lande an.

LXIX. Brief.

Das siegende Kaiserliche machte es noch ärger. Unter andern plünderten die Deutschen, da sie aus Oesterreich in Böhmen eingebrochen waren, das Kloster Guldenkron rein aus, uud steckten es noch oben darein in Brand; vermuthlich aus Haß gegen Ottokarn, der es gestiftet hatte. Als Kaiser Rudolf sein Lager bey Sedlecz nicht fern von Kuttenberg aufgeschlagen hatte; erschien eine Gesandschaft bey ihm, welche die verwittwete Königinn Kunegund, als Mutter des jungen Königs Wenzels II., an ihn abgeordnet hatte. Man ließ sich in Unterhandlungen ein, an denen auch der bald darauf eingetroffene Markgraf von Brandenburg Otto der Lange Theil nahm. Denn da dieser Fürst ein Neffe des getödteten Königs Ottokar aus seiner Schwester Bozena war, so hatte ihn eben derselbe zum Vormund seines Sohnes, wenn er selbst zu früh sterben sollte, zum voraus ernannt.

Bald ist man über folgende Artikel eins geworden. Der junge König — er war erst 7 Jahre alt — sollte unter Markgraf Otto's Vormundschaft stehen. Der König, die Königinn Mutter, und der Vormund sollte ein jeder die Einkünfte von einem Drittel des Königreichs genießen. Dem Kaiser sollte

Mähren auf fünf Jahre überlassen werden, daß er sich daraus wegen der Kosten des Krieges entschädige. Endlich sollte die bereits im Wiener Frieden festgesetzte Doppelheurath der Kinder Rudolfs und Ottokars wirklich Statt haben. Ich muß hier anmerken, daß Ottokar, als er mit Rudolfen aufs neue gebrochen hatte, die für den kaiserlichen zweyten Prinzen Rudolf bestimmte Prinzesinn ins Kloster gesperret hat. Eine Beleidigung, die ihm nur der heftigste Haß hatte eingeben können.

Böhmen schien für itzt beruhigt; aber bald fügte ihm der Vormund des Königs mehr Nachtheil zu, als es der offenbarste Feind hätte thun können. Es ist schlechterdings erdichtet, daß er sich um den jungen Wenzel aus Freundschaft angenommen hat; nein! nur die Schätze des gesegneten Böhmens stachen ihm in die Augen. Diese glaubte er zugleich mit seinem königlichen Mündel in die Hände zu bekommen.

Aber ein eigennütziger Vormund war nicht das einzige Unglück des kleinen Wenzel. Guter Karl! er war gewiß das unglücklichste aller Kinder; denn er hatte eine so unnatürliche Mutter, daß sie ihm nach dem Leben

ben strebte. Kunegund dehnte den Haß wider Ottokarn, bis auf seinen Sohn aus. Sie gab ihm, so wie sie von dem Tode des Vaters Nachricht bekommen hat, Gift. Vermuthlich schmeichelte sie sich mit der Hofnung, wenn kein Thronerbe da seyn würde, zugleich mit ihrer Hand Böhmens Krone zu vergeben; und sie ihrem Liebling, von dem ein andersmal, aufzusetzen. Die schleunigen, von einigen Getreuen veranstalteten, Arzneymittel retteten indeß dem unschuldigen Kinde das Leben, und erhielten unserm Böhmen einen seiner besten Könige.

LXX.

Wenzel ist in Otto's Gewalt; wird mißhandelt.

Der kleine Wenzel befand sich auf dem Prager Schloße. Die Bürger von Prag wollten ihn auch Anfangs an Markgraf Otten nicht ausliefern; vermuthlich weil sie etwas von seinen eigennützigen Absichten errathen haben mochten. Aber Otto, sprach als königsköniglicher Vormund, und Regent des Königreichs der Prager Gemeinde einige Dörfer zu, die eigentlich ein Eigenthum der königlichen Kammer gewesen waren. Und nun sahen die Prager, eben nicht zu ihrer Ehre, durch die Finger, als Otto den kleinen Wenzel sowohl als seine königliche Mutter Kunegund nach dem Schloße Bezdiecz (deutsch Pösig) im heutigen Bunzlauer Kreise brachte. Schon hier wurden alle Böhmen von ihm entfernet, und beyde, der König und die Königinn Wittwe als Gefangene gehalten. Kunegunden gelang es indessen zu entfliehen. Sie begab sich nach Troppau, welches mit seinem Gebiethe, sonst einem Theile Mährens, König Ottokar einem gewissen Prinzen Niklas als ein besonderes Herzogthum geschenkt hatte, und fand dort eine sichere Zuflucht. Dafür ließ Otto Wenzeln, um ihn dort enger zu bewachen, nach Zittau bringen, welche Stadt damals zwar zu Böhmen gehörte, aber an der Gränze desselben die nächste gegen das Brandenburgische Gebieth lag.

Itzt, lieber Karl! muß ich ihr sanftes, von der zärtlichsten Mutter so sorgfältig gebildetes Herz zum Mitleid für den kleinen Wenzel auffodern. Stellen sie sich einen sieben=

LXX. Brief.

benjährigen Königsohn, und seit seines Vaters Tod selbst einen wahren König eines reichen Landes vor, in einem groben wollenen unreinen Kittel, und in durchlöcherten Schuhen. Denken sie sich das arme Kind von Hunger und Durst geplagt, und mit jeder Noth ringend; denn der niedriggeizige Markgraf ließ sein Mündel an allem Mangel leiden. Und wie glauben sie, daß sich der edle Knabe unter allen diesen Mißhandlungen betragen hat? Er duldete alles ohne Murren, und war so heiter, daß er diejenigen, so um ihn waren, mehr um ihn zu bewachen, als zu bedienen, und die sich des Mitleids mit ihm nicht erwehren konnten, selbst aufmunterte. So verabscheuungswürdig Otto's Härte jedem Ehrliebenden seyn muß; so war die Sorglosigkeit doch noch sträflicher, mit der er den Prinzen, diesen Erbherrn so vieler Unterthanen, ohne allen Unterricht aufwachsen ließ. Er war vom siebenten bis in das 12te Jahr in Otto's Händen, und hatte während dieser Zeit nicht einmal lesen gelernt. Und doch brachte das Wenzel in der Folge auf eigenen Antrieb durch seinen Fleiß schon als regierender Herr ein; und ward ein wirklich gelehrter Fürst. Er verfiel aus Böhmens Regengenten der erste auf den Gedanken, zu Prag eine hohe Schule zu stiften, was ihm aber einige Große widerrathen haben.

Bester Karl! halten sie gegen diese traurige Lage eines jungen Königs, ihre glückliche: und lernen sie der Göttlichen Vorsicht danken, die ihnen, ganz ohne ihr Verdienst, sorgfältige Aeltern, treue Führer ihrer Kindheit gegeben hat. Ein Barbar, der sich Vormund nannte, ließ Wenzeln den ganzen Druck des äußersten Elends empfinden, und entzog seinem Geiste alle Nahrung. Und wie liebreich wird nicht für ihre Bedürfnisse, für ihre Bequemlichkeiten gesorgt — und, was noch unendlich mehr ist, wer gibt ihnen selbst Lehren der Weisheit, und Beyspiele der Tugend? Wird Sie auch, die Verehrungswürdigste, da reichlich ärndten, wo Sie so mühsam gesäet hat?

LXXI.

LXXI.

Otto's und seiner Brandenburger Räubereyen und Gewaltthaten.

So ein böser Vormund des jungen Königs Otto auch war; so war er doch noch ein böserer Regent des Königreichs. Das Land ganz auszusaugen, war seine Hauptsorge, und dazu wählte er sich einen getreuen Gehülfen an Bischof Eberharden von Brandenburg,— daß es nebst dem Lande auch eine Stadt dieses Nahmens gibt, die als dort noch alles Katholisch war, der Sitz eines Bischofs gewesen, können sie beyher merken. Diesen machte der Markgraf, weil er sich nicht beständig selbst in Böhmen aufhalten konnte, zum Statthalter. Die übrigen Beamten, und alle andere Brandenburger, die der Markgraf Otto und sein Statthalter in das Land gebracht haben, wurden bald eine schrecklichere Plage als Krieg Hunger und Pest für das gute Böhmen. Wenn es nicht mehrere gleichzeitige und glaubwürdige Geschichtschreiber ausdrücklich betheuerten; so müßte man schon we-

wegen der Schrecklichkeit der begangenen Gräuelthaten sie für erdichtet halten.

Die Brandenburger fielen über die Wohnungen her, nahmen was sie fanden: Getreide und Lebensmittel, Geld und Geräthschaften, und steckten dann die leeren Häuser in Brand. Der Landmann flüchtete sich in tiefe Wälder und hohe Gebirge: man spähte ihn dort aus, erpreßte mit Schlägen den elenden Zehrpfennig, den er etwa zu sich gesteckt hatte; hatte er den nicht, so rieß man ihm das Kleid vom Leibe. Bey denen gar nichts mehr zu rauben war, die wurden theils zu Tode geprügelt, theils in Flüße gestürzet, theils auf Räder geflochten. Daß eine große Anzahl Hungers gestorben, ist leicht zu erachten. Hat denn, fragen sie, lieber Karl! der Markgraf und sein Statthalter der Bischof von allen dem gewußt? Ganz gewiß! gewust, und alles gebilligt, das beweisen auch folgende zwey Thatsachen. Der Prager Domprobst hatte Bischof Eberharden den Statthalter gebeten, daß wenigstens seine Güter verschont blieben; und erhielt zur Antwort: nicht nur seine, sondern auch aller übrigen Domherren Güter würden geplündert werden, und dieses aus dem Grunde, weil einer und der andere

aus

aus ihnen sich bey der entflohenen Königinn aufhielten, um ihr geistliche Dienste zu leisten. Noch auffallender ist folgendes. Der Markgraf kam selbst wieder nach Böhmen; und was glauben sie, was er zum Besten des ausgeplünderten Landes that? Er argwohnte, daß man manche Kostbarkeit der Raubsucht seiner Brandenburger dadurch entzogen habe, daß man sie in die Kirchen in Verwahrung gebracht hat. Er gab also am 7. Jäner 1281 den schändlichen Befehl: die Prager Hauptkirche zum Heiligen Veit auf das genaueste zu durchsuchen. Der Befehl ward von seinen Brandenburgern pünktlich vollzogen. Sie erbrachen in der Sakristey alle Kästen, öffneten mit Gewalt, indeß sie die bittenden Domherren unter niedrigen Schmähungen zurückstießen, das Grab des Heiligen Wenzel, und lieferten alles Vorgefundene dem geizigen Otto aus. Ob so ein Betragen einem Vormund, einem Fürsten; oder einem Anführer einer Räuberhorde ziemt? Sehen sie, guter Karl! kein Stand kein Rang schützt selbst vor dem niedrigsten Laster, wenn man seine Leidenschaften nicht weis im Zaume zu halten.

LXXII.

LXXII.

Tobias von Bechinie Bischof zu Prag ist Statthalter.

In dieser schrecklichen Lage ward der gänzliche Untergang Böhmens nur noch durch den edlen Bischof von Prag Tobias von Bechinie abgewendet. Nicht zufrieden seinen Mitbürgern, als ihr erster Religionslehrer, den Weg zu einer künftigen Glückseligkeit zu zeigen, wollte er ihnen auch die zeitliche wieder verschaffen. Er verband sich mit einigen Reichsbaronen zu einer gemeinschaftlichen Klage wider den Statthalter, den unwürdigen Bischof Eberhard, bey dem Markgrafen selbst. Die Folge davon war, daß Otto die Statthalterschaft Eberharden nahm, und sie dem Bischof Tobias selbst auftrug. Der weise Prälat sah wohl ein, daß dadurch noch nicht alles gethan sey. Die zahlreichen Brandenburger im Lande kümmerten sich zu wenig um einen Statthalter, der ein Böhme war; stolz auf den Schutz ihres Markgrafen, fuhren sie fort besonders die niedern Klassen der Landesinwoh-

LXXII. Brief.

inwohner, wie bisher zu mißhandeln. Der neue Statthalter drang also bey dem Markgrafen auf einen Befehl, daß alle Brandenburger das Land räumen sollten. Ungern genug ging Otto daran; aber er muste nicht nur die Entschlossenheit des ganzen mit Bischof Tobias verbundenen Bömischen Adels, sondern auch Kaiser Rudolfen fürchten, der, so wie sein Edelmuth immer gern dem Unglücklichen beyzuspringen pflegte, schon ernstliche Anstalten machte sich der gedrückten Böhmen anzunehmen. Der Markgraf hieß also alle seine Landsleute sogleich Böhmen verlassen, und dieses mit der Drohung, daß ein jeder aus ihnen, der nach drey Tagen im Lande noch würde angetroffen werden, als Dieb behandelt werden sollte. Eine Schärfe die ein förmliches Geständniß enthielt, daß diese Fremdlinge sich bisher in Böhmen wirklich als Diebe betragen haben.

Böhmen war also durch den Eifer des edlen Tobias von Bechinie von seinen Plagegeistern befreyet; aber die Wunden waren darum nicht geheilet, die dieselben dem unglücklichen Vaterlande geschlagen hatten. Der aller Orten so grausam mißhandelte Landmann war allgemein von Haus und Hof entflohen;

ganz

ganz natürlich blieben also die Aecker unbebaut, was eine schreckliche Hungersnoth zur Folge hatte. Bey aller Weisheit und Herzensgüte, die an Tobias alle gleichzeitige Geschichtschreiber so einstimmig rühmen, konnte er den Wirkungen des Hungers nicht ganz vorbeugen. Es riß ein allgemeines Sterben ein.

Das war das erstemal, daß unser Böhmen unter einer Deutschen Regierung stund; und die unmenschlichen Tartarn selbst, wenn ihnen die Eroberung Böhmens unter Wenzel I. gelungen wäre, hätten die Inwohner des Landes nicht ärger behandeln können, als es der saubere Markgraf, und die Handlanger seiner Unmenschlichkeit mitten im Frieden gethan haben. Wie wäre es, wenn die Abneigung gegen die Deutschen, die man den Böhmen so allgemein vorwirft, sich schon von jener Zeit herschriebe? Indessen, lieber Karl! berechtigt uns die Bosheit Einiger nicht zu einem nachtheiligen Urtheil über eine ganze edle Nazion. Wir müssen, indem wir über jene klagen, dieser jedes Lob, das sie durch große Eigenschaften und schöne Thaten verdient, mit Freuden zollen. In einer jeden Nazion — von der unsrigen lesen sie das
selbst

selbst in diesen Briefen — gibt es Bösewichter; aber, dem Himmel sey Dank! nie in einer so großen Anzahl, daß man mit Grund sagen könnte: die Nazion selbst ist böse.

LXXIII.
Die Böhmen fodern ihren König von dem Markgrafen, und müssen ihn auslösen.

Der Statthalter und die Großen des Landes wurden bald darüber einig, ihren König, so jung er war, von dem Markgrafen zurück zu fodern. Hiezu hatten sie der Gründe mehr. Es war ihnen daran gelegen, daß er seine Jugendjahre in Böhmen selbst, und unter Böhmen zubringe, um so das Land kennen zu lernen, das er beherrschen sollte; so glaubten sie, würde er auch als ein Freund seiner Nazion aufwachsen. Sie wollten ihn von den harten Begegnungen, denen er bey dem gefühllosen Vormund immer ausgesetzt war, befreyen; und endlich ward der weitern Aussaugung des Landes durch den eigennützigen Markgrafen, und der Verschleppung der Böhmischen Schätze nach Brandenburg ein Ziel gesetzt, so wie man den jungen König seiner Aufsicht entrieß; denn von diesem Augenblick an fiel der Vorwand weg, die Landeseinkünfte in seinem Nahmen zu verwalten, und auf seine Erziehung zu verwenden, dessen sich der Markgraf zu Böhmens Beraubung bisher bedienet hatte.

Dem gefaßten Entschluß zu Folge geschah also im Nahmen der ganzen Böhmischen Nation ein feyerliches Gesuch an den Markgrafen: den jungen König seinem Volke zu überliefern, das ihn itzt schon für seinen rettenden Engel ansah. Otto hätte die Einwendung machen können: die Erziehung des Königs wäre noch nicht vollendet, und er habe noch lange nicht das zum Selbstregieren erforderliche Alter. Nichts von allen dem. Er gab den Böhmen nur die Antwort: wenn sie ihren König zurück haben wollten, so müßten sie ihm, dem Markgrafen, vor allem 15000 Mark Silber entrichten. Die Böhmen vor Begierde ihren König je eher je lieber bey sich zu haben, vergaßen aller Gründe mit denen sie diese Foderung als unverschämt hätten zurückweisen können. Denn für was machte der Markgraf auf eine so beträchtliche Summe Anspruch? Ersatz der Erziehungskosten sollte sie wohl nicht heißen; denn zu diesem Behuf reichte das Drittel der Einkünfte Böhmens, das für den jungen König bestimmt war, mehr als hin, besonders da der gute Wenzel an allem Mangel leiden mußte. Oder sollte das Belohnung der geführten Vormundschaft seyn? verdiente Otto wohl eine? war ihm nicht ein zweytes Drittel der Landeseinkünfte ohnehin schon angewiesen? und selbst das dritte Drittel hatte er seit der Flucht der Königinn eingezogen. Mit dem größten Recht hätten die Böhmen vielmehr Anfoderungen an ihn machen können. Aber ihren König nur bald aus seiner traurigen Lage zu reissen, zahlten sie dem Markgrafen so gleich die 15000 Mark, der dafür feyerlich versprach am künftigen 1ten May des Jahres 1281 den königlichen Jüngling dem Bischof Tobias zu übergeben; und, da der bestimmte Tag erschien — sein Wort nicht hielt. Er foderte vielmehr neue 20000 Mark. Das durch ihn ganz ausgesogene Böhmen war schlechterdings ausser Stande diese zweyte noch stärkere Summe sogleich zu erlegen. Indeß versprachen die Stände gleichwohl sie herbeyzuschaffen; wenn man ihnen Zeit ließe, doch aber den König

ihnen

ihnen mittlerweile übergäbe. Die Hofnung seinen Geiz aufs neue zu sättigen, machte Otten billiger. Den 23. Brachmonats 1283 kam der befreyte König nach Prag.

LXXIV.
Wenzels II. Regierungsantritt.

Zwölf Jahre war Wenzel II. erst alt, als er den Thron seiner Väter bestieg. In einem Alter, in welchem andere Menschen noch regiert werden müssen, fing er so gleich an, freylich von dem weisen Rath des allgemein verehrten Bischofs Tobias unterstützt, so gut zu regieren, daß ganz Böhmen den Jubel, mit dem es ihn bey seiner Rückkehr aus der Gefangenschaft, wie man den Aufenthalt bey dem harten Vormund füglich nennen kann, empfangen hatte, als eine Vorempfindung seines wiederkehrenden Glücks anzusehen alle Ursache hatte.

Die erste Wohlthat Wenzels gegen sein Böhmen war, daß er es von der dem ausgesogenen Lande ganz unerträglichen Last, der Auszahlung der 20000 Mark an den Markgragrafen von Brandenburg bestrytte. Otto konnte dieses Geld nicht als Ersatz der Erziehungskosten fodern — denn er hatte auf Wenzels Erziehung nichts von dem Seinigen verwendet, vielmehr die zum Unterhalt des jungen Königs angewiesenen Einkünfte in seinen Sack gesteckt, indeß er das königliche Kind hungern und bloß gehen ließ — vielweniger als Lösegeld, da ein Mündel ja kein Gefangener ist. Vielmehr hätte Wenzel mit seinem treulosen Vormund über die vernachläßigte Erziehung sowohl, als über die Zugrunderichtung seines Erbreiches rechten können. Er begnügte sich indessen dem Kaiser, als Oberherrn des Reichs, folglich als dem höchsten Richter Ottens eines Reichsfürsten die Frage zur Entscheidung vorzulegen: ob Böhmen die 20000 Mark diesem Fürsten auszuzahlen schuldig sey? Der edelmüthige Rudolf that den gerechten Ausspruch: Otto habe keinen Grund gehabt das Mindeste zu fodern, habe die Verheissung widerrechtlich erzwungen, das Versprechen der Stände sey also schon in sich ungültig; folglich Wenzel ganz und gar nicht schuldig etwas zu zahlen. Er verband sich zugleich, den König von Böhmen mit seinem kaiserlichen Ansehen, und seiner

ner ganzen Macht wider jede Zudringlichkeit des unverschämten Brandenburgers zu schützen. Und so entsprach Rudolf der Verbindung, die er als Wenzel nach Ottokars seines Vaters gewaltsamen Tod abermal ihm zum Schwiegersohn bestimmt worden, auf sich genommen hatte: nicht nur seinen Schwiegervater, sondern auch seinen wahren Vater zu machen.

So wie er diese immer unbillige, und in der damaligen Lage unerträgliche Last von dem Lande abgewälzt hatte, arbeitete Wenzel um so eifriger an der Heilung der übrigen Wunden, die der verabscheuungswürdige Otto und seine Helfershelfer unserm Böhmen geschlagen hatten. Freylich bediente er sich noch immer des Raths des braven Bischofs. Aber einen guten Rath befolgen, ist auch für den Mann rühmlich, was denn erst für den Jüngling? Und weise Rathgeber wählen, ist der wahre Probierstein der Weisheit eines Fürsten. Ein König ist nur groß, wenn er große Männer um sich hat; sagt ein berühmter Fürstenlehrer.

LXXV.

LXXV.
Wenzels Verwendung und Tugend.

Ich habe ihnen gesagt, daß Wenzels Erziehung ganz vernachläßigt worden sey: weder lesen noch schreiben hatte das gute Kind gelernt; und doch ward Wenzel in der Folge nicht nur ein Freund der Gelehrten, sondern selbst ein Gelehrter. Wie kam denn das? ganz natürlich; er brachte das selbst ein, was Andere an ihm verabsäumt hatten. Der edle Tobias und andere rechtschaffene Männer machten ihm begreiflich, daß Unwissenheit selbst einen König entehre; und er glaubte ihnen. Schon ein großes Lob. Wenzel war König und Herr; alle, die um ihn waren, konnten ihm nicht befehlen, nur rathen. Er glaubte, und that ohne Zwang nach ihrem Rathe. Lieber kleiner Freund! — ich weis, sie räumen mir die Freyheit ein, sie das zu fragen — thun sie das auch immer? Es fehlt ihnen nicht an Freunden, die ihnen rathen. Und wie kann ich ihr Glück genug preisen, daß sie selbst die liebreiche Hand einer Mutter, wie es gewiß nur wenige giebt, den Weg ihrer Bildung führet? Bester Karl! machen sie, daß sie sich einmal nicht selbst anklagen dürfen. Folgen sie dem schönen Beyspiele Wenzels! mit ganzem Ernste verlegte er sich, ob er schon bereits König war, auf Kenntnisse, von denen ihm Männer von Einsicht sagten, daß sie ihm nützlich seyn könnten. Er lernte vor allem die Lateinische Sprache, und brachte es in derselben bis zur Fertigkeit. Ich muß ihnen zu ihrem Sporn sagen: daß diese Sprache gleichsam der Schlüssel aller Gelehrsamkeit ist; und daß es lächerlich wäre auf den Nahmen eines wahren Gelehrten Anspruch zu machen, ohne sie aus dem Grunde inne zu haben. Er machte sich mit der Geschichte dieser Lehrerinn, so wie aller Menschen überhaupt, also der Fürsten insbesondere, und andern Wissenschaften bekannt. Was glauben sie wohl, wie schwer es ihm ankommen muste, im zwölften Jahre erst vom A. B. C. anzufangen, da er bis dahin nicht einmal lesen gelernt hatte? Wie ungleich weiter können sie es bringen? und wie sträflich würden sie seyn, wenn sie es nicht weiter brächten?

Ganz

LXXV. Brief.

Ganz Böhmen versprach sich schon wegen dieser Verwendung des jungen Königs goldne Berge von ihm. Warum? weil von einem thätigen Menschen alles, so wie von einem trägen nichts zu erwarten ist. Aber noch mehr bürgte der Nazion für ihre Glückseligkeit unter Wenzeln, die in diesem Jünglinge bereits reife Tugend. Ganz nach den menschenbeglückenden Vorschriften des Christenthums zeigte er sich schon von seinem zwölften Jahre an in allen Fällen unerschütterlich gerecht, er war gegen Nothleidende im hohen Grade wohlthätig, und ehrte das Verdienst auch in dem Niedrigsten. Aber auf nichts, lieber Karl! mache ich sie so gern aufmerksam, als auf Wenzels Liebe zu seiner Mutter. Und welch eine Mutter war die verwittwete Königinn Kunegund? Sie, die ihn mit kaltem Blute ohne allen Trost in den Händen seiner Peiniger zu Bezdiecz ließ, und ihn durch ihre Flucht noch größern Mißhandlungen des aufgebrachten Vormunds Preiß gab? Ja, die ihm das Einzige, was sie ihm gegeben hatte, sein Leben mißgönnte? diese unnatürliche Mutter berief der von ihr beleidigte Sohn an seinen Hof, und gab ihr tägliche Beweise der Ehrfurcht und Liebe. Da Sie mittlerweile

weile Zawissen von Rosenberg Herrn zu Krumau geheurathet hatte, überhäufte der König aus Rücksicht auf seine Mutter auch diesen seinen Stiefvater mit Ehrenstellen und Einkünften.

LXXVI.

Wenzels Glückseligkeit, und Vermählung mit Judith. Seines Stiefvaters Verrätherey und Strafe.

Es schien, als wenn die Vorsicht die Tugend Wenzels belohnen, und seine Bemühungen für das Glück seiner Unterthanen besonders unterstützen wollte. Und gewiß sind Fürsten, denen das Beste der Ihrigen am Herzen liegt, Lieblinge des Vaters aller Menschen. Die ersten Jahre seiner Regierung waren hintereinander Jahre des Segens und des Ueberflußes für ganz Böhmen. Das Land erholte sich bey dieser ununterbrochenen Fruchtbarkeit, und durch die guten Anstalten des vortreflichen Königs zusehends. Und der Staat von Böhmen nahm an Macht und Ansehen um so mehr wieder zu; weil im Jahre 1284

das

das seit einiger Zeit von ihm getrennte Mähren mit demselben wieder vereinigt worden ist; da die fünf Jahre um waren, auf welche dieses Land dem Kaiser war überlassen worden. Eine andere Vergrösserung war das Egerland, das zugleich mit Oesterreich verloren gegangen, und itzt von dem Kaiser unserm Wenzel wieder geschenkt wurde. Das letztere geschah auf einer Zusammenkunft zu Eger selbst im Jahre 1285. Hier lernte Kaiser Rudolf unsern Wenzel von Person kennen, und ward, so wie er selbst einer der tugendhaftesten Fürsten war, von der Tugend des jungen Königs ganz entzückt, daß er ihm nicht so seine Freundschaft als vielmehr seine Vaterliebe anboth. Eben darum drang er auf die Vermählung seiner ihm bereits verlobten Tochter Judith, denn er glaubte für das Glück derselben nie gewisser zu sorgen, als wenn er sie je eher je lieber mit einem so edeldenkenden Gemahl als der König von Böhmen war, verbände. Aber auch Wenzel ward durch sie glücklich. Judith von Habsburg war die Zierde ihres Geschlechts; und die Böhmen überzeugten sich bald, daß sie mehr eine Mutter, als eine Königinn an ihr bekommen hätten.

Glück=

Glücklich war also der Hof und das Land; als derjenige sich erfrechte dieses Glück zu stören, der es am meisten hätte mit befördern sollen. Der Stiefvater des Königs Zawiß von Rosenberg. Er hatte schon lang durch seinen Stolz gegen andere Reichsbaronen Ursache zu Klagen gegeben; itzt ward er, der großen Wohlthaten uneingedenk, zum Hochverräther an seinem königlichen Stiefsohn. Er hatte nach Kunegunds Tod, gleich als wenn nur königliche Gemahlinnen seiner Hand würdig wären, die Schwester König Ladislaws von Hungarn geheurathet: diese gebar ihm im Jahre 1288 einen Sohn. Bey der feyerlichen Taufe desselben wollte er den dazu geladenen König gefangen nehmen. Der Anschlag ward eher verrathen, und Zawiß auf Befehl des Königs verhaftet. König Ladislaw von Hungarn, und Herzog Heinrich von Breßlau legten sehr zudringliche Fürbitten für den Verräther ein. Es zeigte sich bald, daß sie aus Neid über Böhmens Flor mit ihm einverstanden waren. Um so nöthiger war seine Bestrafung, damit andere Staatsverbrecher nicht auf fremden Schutz bauen möchten. Ueberwiesen seines Verbrechens ward er verurtheilt den Kopf zu verlieren. Und Herzog
Ri=

Niklas zu Troppau, ließ in Zawissens Gebieth zu Frauenberg das Urtheil an ihm vollziehen.

LXXVII.

Wenzels Ansehen und Macht wird vergrössert. Er erhält einen Theil Polens.

Haben die zwey im vorigen Brief genannten Fürsten unedel gegen unsern Wenzel gehandelt; so ward er durch manche Beweise von Freundschaft und Hochachtung mehrerer anderer dafür schadlos gehalten. Kasimir Herzog zu Oppeln in Schlesien, aus Königlichpolnischem Stamm erklärte sich im Jahre 1289 freywillig zu seinem Lehnträger. Er hofte von ihm jenen Schutz, den ihm die verwandten Prinzen in Polen nicht gewähren konnten. Dieses war die erste Schlesische Erwerbung, der theils unter Wenzeln, theils unter seinen Nachfolgern mehrere folgten, bis das ganze Land an die Krone Böhmen kam. Markgraf Friedrich von Meissen erkannte die

Lau-

Lausitz für ein Böhmisches Lehn; was Kaiser Rudolf nicht nur bestättigte, sondern auch unsern Wenzel zum Reichsvikar, das ist zu seinem Verweser oder Statthalter in Meissen ernannte. Auch die bisherige Böhmische Kurwürde, oder das Recht der Böhmischen Könige den Kaiser mitzuwählen, bestättigte Rudolf Wenzeln zu Liebe nochmals, so wie das Erzmundschenkenamt des Deutschen Reichs, dem zu Folge unser König dem Kaiser den ersten Trunk zu reichen pflegt. Auch kamen der Kaiser, und der König, zwischen welchen ganz das Verhältniß wie zwischen Vater und Sohn Statt fand, zweymal, erst zu Eger, dann zu Erfurt zusammen. Unter andern Beweisen der wirklich väterlichen Zuneigung, die Rudolf Wenzeln um diese Zeit gab, war auch, daß er das Recht des Letztern auf das Herzogthum Breßlau feyerlich genehmiget hat. Dieses Recht gründete sich auf eine Erbverbrüderung, das ist: auf einen Vertrag, dem zu Folge die Böhmischen Könige die Herzoge von Breßlau beerben sollten. Doch ließ es Wenzel geschehen, daß Breßlau bey dem Aussterben seines Fürstenhauses an die Herzoge zu Lignitz fiel; weil ihm die Freundschaft der Schlesischen Für-

Fürsten bey seinen Absichten auf Polen vortheilhaft war.

Sie werden es wohl nicht schon vergessen haben, lieber Karl! daß Wenzels Mutter Kunegund eine Tochter Herzog Radislaws von Halicz war. Diese hatte eine Schwester Griffina, welche an Lesko den Schwarzen Herzogen von Krakau und Sendomir verheurathet war, der ihr bey seinem Sterben die beyden Herzogthümer vermacht hatte. Griffina hatte keinen nähern Erben als unsern Wenzel ihren Neffen. Sie wünschte also die von ihr besessenen Landschaften ihm zu hinterlassen. Hiezu war die Einwilligung des Adels in den zwey Herzogthümern nöthig: und nachdem Sie diese bey dem guten Rufe von Wenzels weiser Regierung in Böhmen ohne Mühe erhalten hatte, übertrug sie den wirklichen Besitz von Krakau und Sendomir diesen ihren nächsten Anverwandten. Bischof Tobias von Prag besetzte sie auch, und verwaltete sie als Statthalter im Nahmen Wenzels. Wie rühmlich sind nicht alle diese Vergrösserungen für Wenzeln? sie kosteten kein Blut seiner Unterthanen. Nur seiner Tugend hatte er sie zu verdanken, durch welche er die Herzen selbst fremder und entfernter Völker zu gewinnen wuste.

LXXVIII.

LXXVIII.
Irrungen mit Oesterreich. Zug nach Polen.

Durch den Tod Kaiser Rudolfs im Jahre 1291 ward unser König und seine vortrefliche Gemahlinn in die äusserste Trauer versetzt: und die bisherige Freundschaft zwischen dem königlich Böhmischen, und dem Oesterreichhabsburgischen Hause ward, da auch des Kaisers gleichnahmiger Sohn Rudolf Herzog von Schwaben, der König Wenzels Schwester Agnes zur Ehe gehabt, mittlerweile gestorben war, nun um so mehr erschüttert; weil des Kaisers ältester Sohn Albrecht Herzog von Oesterreich und Steyermark schon bey den Lebzeiten seines kaiserlichen Vaters nichts weniger als freundschaftliche Gesinnungen gegen seinen Schwager Wenzel an Tag gelegt hatte. Das nördliche Oesterreich von Böhmens und Mährens Gränzen bis an die Donau war zur Mitgift — eigentlich zum Unterpfand der Mitgift — der an Wenzeln vermählten Judith von ihrem Vater dem

Kai-

Kaiſer ſelbſt beſtimmt. Albrecht anſtatt es Wenzeln einzuräumen, zwang ihn auf einer Zuſammenkunft zu Znaym, wohin er, wider die Abrede, da Wenzel ohne alle Bedeckung erſchienen war, ein kleines Heer mitgebracht hatte, ſeinen gerechten Anſprüchen darauf zu entſagen, um der angedrohten Gefangenſchaft zu entgehen. Wenzel rächte dieſe Beleidigung damal nicht; weil er den noch lebenden Rudolf, welchen er wie ſeinen Vater ehrte, ſchonen wollte. Aber nach deſſen Tod war er um ſo geneigter Albrechten ſeinen Unwillen fühlen zu laſſen. Er verſagte demſelben ſeine Stimme zur Kaiſerwürde, und half Adolfen Grafen von Naſſau zum Kaiſer wählen.

Im Jahre 1292 unternahm unſer Wenzel ſeinen erſten Feldzug. Wladiſlaw Loktiek, ein Prinz vom königlichpiaſtiſchen Stamm in Polen, der Kujawien und andere Theile dieſes großen Reiches beſaß, gönnte unſerm König den Beſitz der Herzogthümer Krakau und Sendomir nicht. Er übte Feindſeligkeiten in beyden Landſchaften aus. Wenzel muſte alſo wider ihn zu Felde ziehen. In jenen Zeiten durfte nicht einmal ein König ein Kriegsheer anführen, wenn er nicht zuvor

zum

zum Ritter geschlagen worden war. Dieser damal so bedeutenden Zeremonie unterwarf sich also auch itzt unser Wenzel; und Otto von Brandenburg, sein ehemaliger Vormund, der ihn auf diesem Kriegszug begleitete, schlug ihn auch zum Ritter. Beydes ist ein Beweis, daß er sich mit ihm seit der Zeit ganz ausgesöhnet hat. Lieben sie den guten Wenzel nicht auch darum, weil er so schreyende Beleidigungen vergessen konnte? Das Heer bestund nicht nur aus Böhmen und Mährern, sondern auch aus Schlesiern, welche die Herzoge von Oppeln, Ratibor, und Teschen — auch die Letztern zwey hatten mittlerweile Wenzeln für ihren obersten Lehnsherrn von freyen Stücken erkannt — zu Hülfe geschickt haben. Der wichtigste Vorfall dieses kurzen Krieges war die Eroberung der festen Stadt Siradia an der Schlesischen Grenze, durch welche und ihr Gebieth der Böhmische Antheil Polens vermehret worden ist.

LXXIX.

Aussöhnung mit Albrechten. Wenzels Krönung. Tod seiner Gemahlinn.

Es fehlte nicht viel, daß auf diesen Polnischen Krieg ein anderer mit Herzog Albrechten von Oesterreich gefolgt wäre. Der Oesterreichische Adel war mit diesem Fürsten, entweder wegen einiger Bedrückungen, oder auch weil er nach dem Geiste der Zeiten Unruhen liebte, so unzufrieden, daß er ihm sogar nach dem Leben strebte. Da dieses mißlungen war, ging er doch einen Bund wider den Herzog ein, und suchte bey dieser Gelegenheit König Wenzels Schutz. Dieser hatte die ungerechte Vorenthaltung des nördlichen Oesterreichs nicht vergessen. Er rüstete sich, es bey dieser Gelegenheit wieder zu erobern. Aber die edle Judith trat wie ein Engel des Friedens zwischen Bruder und Gemahl. Da sie das versöhnliche Herz des letztern kannte, so überredete sie ihren Bruder zur Nachgiebigkeit; indem sie ihn versicherte, daß er Wenzeln

zeln durch selbe gewiß entwafnen würde. Albrecht befolgte ihren Rath. Er kam ohne Bedeckung nach Prag; machte seinem Schwager ein offenherziges Bekenntniß seiner bisherigen Feindseligkeiten; und bat ihn um seine Freundschaft. Wenzel both sogleich die Hand zur Aussöhnung, und bestättigte ihm aufs neue den Besitz des nördlichen Oesterreichs. Dadurch ward die Ruhe in Albrechts Ländern erhalten; denn die Mißvergnügten, der Hofnung von Böhmen aus unterstützt zu werden beraubt, mußten sich zum Gehorsam bequemen.

Bald darauf gab Wenzel seinem Schwager Albrecht einen neuen Beweis, daß seine Aussöhnung aufrichtig war. Albrecht kam nach Prag um der Krönung Wenzels beyzuwohnen. Diese verrichtete nach seinem alten Rechte der Maynzer Erzbischof Gerhard. Kaum legte dieser seine Unzufriedenheit mit Kaiser Adolfen an den Tag, als Albrecht ihm zumuthete, auf dessen Absetzung und seine eigene Wahl zum Kaiser anzutragen. Wenzel both dazu die Hände, und gewann auch mehrere Fürsten dafür.

Wenzels Krönung war die allerprächtigste, die man in Böhmen bisher gesehen hat-

hatte. Es befanden sich so viel fürstliche und adeliche Gäste damals zu Prag, daß 192000 Pferde vom Hofe mit Futter versehen werden mußten. Für die Tafeln hatte man in keinem Gebäude Raum; sondern es wurde unter freyem Himmel auf mehrern großen hölzernen Gerüsten gespeiset. Die Bedienung geschah zu Pferde. Unter den Krönungsfeyerlichkeiten, war auch die Legung des Grundsteines der Kirche zu Königsaal, die Wenzel zur Grabstätte der Könige von Böhmen bestimmte, und an der er ein Zisterzienserkloster stiftete.

Die allgemeine Freude über die Krönung eines so guten Königs, der durch seine 14jährige Regierung sein Böhmen glücklich gemacht hatte, ward bald in Trauer verkehret. Den 17ten Tag, nachdem ihr zugleich mit ihrem Gemahl die Krone aufgesetzt worden war, starb die edle Judith, oder wie sie die Böhmen nannten, Guta. Jeder Böhme schien an ihr eine Mutter verloren zu haben. Sie war die allgemeine Wohlthäterinn der Dürftigen.

LXXX.

LXXX.

Wenzel wird König von Polen. Sein Sohn König von Hungarn.

Wenzel hatte das besondere Glück, daß man ihm fremde Kronen von freyen Stücken antrug. In Polen ging seit dem Aussterben des Piastischen Hauptstamms und der Ermordung des Königs Przemisl alles durcheinander. Zwar hatten die Polnischen Großen den Herzog von Kujawien Wladislaw Loktiek zum Throne berufen. Aber er entsprach der Hofnung nicht, die sie sich von ihm gemacht hatten. Es ist merkwürdig: daß die Polen ihn der königlichen Würde wegen seiner ausgelassenen Sitten verlustig erklärten. Sie wollten also einen tugendhaften König haben; und diesen glaubten sie in unserm Wenzel vor allen andern zu finden. Durch eine einstimmige Wahl bothen sie ihm also die Krone, und Elisabethen, die Tochter des ermordeten Przemisl, zur Gemahlinn an. Er genehmigte die Wahl, eilte mit einem Böhmischen Heere herbey, besiegte mit leichter Mühe seinen Gegner Loktiek, ward

aller

LXXX. Brief.

aller Orten als ein Schutzgott Polens aufgenommen, zu Gnesen gekrönet, und mit Elisabethen vermählet. Wie viele Fürsten haben sich fremde Völker mit Gewalt unterworfen? Aber welch ein schönerer Triumph ist der unseres Wenzels, dem der Ruf seiner Tugenden, so wie er ihm schon eher freywillige Lehnträger zugeführt hatte, also itzt auch den Weg zu einem fremden Throne gebahnet hat?

Es stund nur bey Wenzeln auch mit einer dritten Krone zu prangen. In Hungarn war das alte königliche Haus mit Andreas III. ausgestorben. Ein Sizilianischer Prinz Karl Martel machte als der nächste weibliche Anverwandte Ansprüche auf den erledigten Thron. Aber die meisten Magnaten Hungarns trugen unserm Wenzel ihr Reich an. Er verbat es mit der Erklärung: drey Kronen wären eine zu schwere Last für ihn. Ein sehr seltnes Beyspiel! Wie viel Könige stellt uns dafür die Geschichte auf, die der Kronen und Länder nie genug haben konnten? Indeß empfahl er den Hungarn seinen ältesten Sohn, der auch Wenzel hieß. Sie nahmen ihn auch an; aber sie blieben ihm nicht getreu. Zum Theil war der Pabst daran Schuld, der Karln Martel unterstützte, und durch die Drohung des Kir-
chen-

chenbanns viele zum Abfall von dem jungen Wenzel reizte. Zum Theil der neugewählte König selbst, dem es in seinem 13ten Jahre an Erfahrung fehlte, seine Räthe mit Glück zu wählen. Er ließ sich von einigen lockern Magnatensöhnen zu Fehltritten und Ausschweifungen verleiten. Da der beynahe allgemeine Abfall ihn einer großen Gefahr aussetzte, holte ihn sein Vater mit einem Heere aus Hungarn wieder ab, und nahm zugleich die sogenannte Heilige Krone mit nach Böhmen. Es ist sehr wahrscheinlich, daß Hungarn würde behauptet worden seyn, wenn der Vater gleich Anfangs die auf ihn selbst gefallene Wahl angenommen hätte. Seine Weisheit und Tugend würde dem edlern Theil der Nazion treuen Eifer zur Verfechtung seiner Rechte eingeflößt, und den Wankelmuth der Uebrigen im Zaume gehalten haben.

LXXXI.

LXXXI.

Krieg mit Kaiser Albrechten. Wenzels des II. Tod.

Kaiser Albrecht hatte mit unserm Wenzel auch nach dem Tode seiner Schwester der Königinn eine Zeit lang in gutem Vernehmen gelebet, bis es Pabst Bonifaz VIII. im Jahre 1303 gestöret hat. Dieser hatte sichs vorgenommen, mit Hungarn nach Belieben zu schalten. Damit ihm nun unser König durch die Verfechtung der Rechte seines Sohnes nicht durch den Sinn fahre, wollte er ihm durch einen Krieg mit Albrechten zu thun geben. Er schrieb also an diesen Fürsten, er sollte Karln Martel wider den König von Böhmen und seinen Sohn mit Nachdruck schützen. Albrecht war auf Böhmens angewachsene Macht ohnehin neidisch. Er suchte also, um es zu schwächen, eine Gelegenheit zum Kriege, indem er folgende allerdings äusserst übertriebene Foderungen machte. Wenzel sollte dem Kaiser den Genuß des Silberbergwerks zu Kuttenberg auf 6 Jahre überlassen,

sen, oder 80000 Mark Silber als Zehenden davon bezahlen. Das Egerland und die Besitzungen in Meissen zurück geben. Polen und Hungarn ebenfalls dem Kaiser einräumen. Wenzel antwortete: die erwähnten Länder besitze er alle rechtmäßig theils durch Wahl — Polen und Hungarn — theils als Heurathsgut seiner Gemahlinn — das Egerland. Von den Böhmischen Bergwerken aber etwas zu fodern habe der Kaiser kein Recht; weil die Könige von Böhmen zwar seine Bundesgenossen, aber nicht seine Vasallen wären. Der aufgebrachte Kaiser erklärte dafür Wenzeln in die Reichsacht; und brach mit einem Heere in Böhmen, so wie sein Sohn Rudolf mit einem andern in Mähren ein. Albrecht ging vor allem vor Kuttenberg. Das Silber, welches man damals dort sehr reichlich gewann, hatte ihm in die Augen gestochen; aber er bekam sauber nichts davon. Die Bergknappen ergriffen die Waffen, vertheidigten Kuttenberg mit vieler Unerschrockenheit, und verschaften dadurch König Wenzeln die nöthige Zeit, ein Heer zusammenzubringen. Als er sich mit demselben näherte, floh der Kaiser um so mehr nach Oesterreich; weil sein Heer vor Kuttenberg durch das viele

Sterben geschwächt worden war, welches durch das von den Bergknappen verunreinigte Wasser verursacht worden ist.

Nun fing man an über einen Frieden zu unterhandeln; aber ehe er zu Stande gekommen war, starb König Wenzel 1305, leider! viel zu früh. Das letztere kann man nur von den besten Königen sagen, und unter die gehörte unstreitig Wenzel. Er pflegte zu sagen: bey allem was er für Böhmen gethan, hätte er doch immer noch mehr zu thun gewünscht; und empfahl sterbend seinem Sohn und Nachfolger nichts so sehr, als er sollte den Himmel anrufen, daß er sein Böhmen mit Weisheit regiere. So beschäftigte ihn noch in den letzten Augenblicken das Glück seiner geliebten Unterthanen. Seine Tugenden erwarben diesem Fürsten den Beynahmen des Heiligen: man hätte ihn den Retter Böhmens nennen sollen. Er fand es beynahe ganz zu Grunde gerichtet, und hinterließ es in dem blühendesten Zustande. Er verdiente es also, daß die Böhmen ihn, wie verwaiste Kinder den besten Vater, mit ungeheuchelten Thränen beweinten. Sonst gehöret es unter die Merkwürdigkeiten seiner Regierung, daß das Kuttenberger Bergwerk damals entdeckt wor-

worden. Er ließ aus dem dort gewonnenen Silber die schönen Prager Groschen, deren einer 16 Kreuzer galt, der Erste prägen.

LXXXII.
Wenzel III. Seine Ermordung.

Wenzel III. hatte sehr gute Anlagen und Fähigkeiten, wie er denn — eine in jenen Zeiten beynahe unerhörte Geschicklichkeit — vier Sprachen, die Böhmische, Deutsche, Lateinische, und Hungarsche, schon in seiner zartesten Jugend sehr fertig sprach. Aber der Umgang einiger lockern jungen Hungarschen Herren steckte ihn an, und seine Seele ward dadurch so verstellt, daß sie mit seinem wohlgestalteten Körper gar nicht zusammenpaßte. Eine vortheilhafte Bildung, guter Karl! ist nur ein Empfehlungsbrief, dem erst die Sitten desjenigen, der sie hat, Glauben verschaffen.

Er entsagte dem Hungarschen Thron zu Gunsten seines Freundes Otto's von Bayern, dem er auch die heilige Hungarsche Krone auslieferte. Mit dem Kaiser schloß er einen übereilten und für Böhmen höchst nachtheiligen

gen Frieden, in welchem er gegen die Loßsprechung von der Reichsacht, um die er sich gar nicht hätte kümmern sollen, das Egerland, und die Orte in Meissen abtrat.

So wie er sich — freylich eben nicht zum Vortheil seines Nachruhms — zu Hause Ruhe geschaft hatte; war er darauf bedacht, die Polnische Krone, die er zugleich mit der Böhmischen von seinem Vater geerbt hatte, wider Wladislaw Loktiek mit Nachdruck zu behaupten. Er zog also mit einem Heere nach Polen; kam aber nicht weiter, als bis nach Ollmütz in Mähren, wo er im achtzehnten Jahre seines Alters seinen Tod fand. Er ward, als er im Hause des Domdechants Mittagsruhe hielt, und sich bey der grossen Hitze entkleidet hatte, von einem Meuchelmörder überfallen, und mit drey Dolchstichen getödtet. Der Bösewicht trat mit dem blutenden Dolche aus dem Hause, ward von dem in Wuth gerathenen Volke in Stücke gehauen, und diese wurden den Hunden vorgeworfen. Alle Geschichtschreiber stimmen hierin überein, daß der Mörder ein Thüringer war. Sein Nahme aber wird verschieden angegeben. Bey einigen heißt er Pottenstein, bey andern Potstelstein. Wer den Thäter zu diesem abscheu-
li=

ligen Mord erkaufet habe? wird wohl unausgemacht bleiben. Man hatte sich durch die vorschnelle Bestrafung des Mörders um das sicherste Mittel gebracht, ihn zu entdecken. Die meiste Wahrscheinlichkeit hat das Vorgeben, daß es sein Mitwerber um die Polnische Krone, Wladislaw Loktick war.

So erlosch mit Wenzel dem III. da er in seiner kurzen Ehe mit der Teschnischen Prinzessinn Viola noch keine Kinder gezeugt hatte, der Przemislische Mannsstamm im Jahre 1306. Den Zeitpunkt soll lang zuvor der Stammvater Przemisl selbst im prophetischen Geiste angedeutet haben, als er sagte: die Fürsten meines Blutes werden zu der Zeit aufhören, in welcher der Enkel den Großvater rächen wird. Um das zu verstehen, erinnern Sie sich, daß König Ottokars II. Tochter Agnes Kaiser Rudolfs zweyten Sohn Rudolf geheurathet hat. Ihr Sohn Johann von Schwaben war also Ottokars Enkel, und weil er seinen Oheim Kaiser Albrechten im Jahre 1308 ermordete, so schien er den Tod seines in der Schlacht gebliebenen mütterlichen Großvaters Ottokar an dem Sohne des Siegers geräcket zu haben. Die vorbedeutete Begebenheit traf freylich um zwey Jahre früher ein, als jene durch

wel-

welche sie vorbedeutet worden; und das sollte von rechtswegen umgekehrt seyn, lieber Karl! Wissen sie aber was es am klügsten seyn dürfte von Przemisls Prophezeihung zu halten? daß er von ihr nie geträumet hat, und sie ihm später angedichtet worden ist.

Hier mein kleiner wißbegieriger Freund! wollen wir eine Pause machen. Ich will ihnen Zeit lassen die Schicksale der Böhmen unter ihrem ältesten Herscherstamm ein wenig zu überdenken, ehe ich ihnen das erzähle, was sich unter den folgenden Königen zugetragen hat.

www.ingramcontent.com/pod-product-compliance
Lightning Source LLC
Chambersburg PA
CBHW031326230426
43670CB00006B/256